Heinz Althaus (Hrsg.),   Christentum, Islam und Hinduismus
vor den großen Weltproblemen

Christentum, Islam und Hinduismus
vor den großen Weltproblemen

Herausgegeben von
HEINZ ALTHAUS

Mit Beiträgen von

Walbert Bühlmann
Adel Theodor Khoury
Martin Kämpchen
Arnold Angenendt

Umschlag: D. Rayen, Altenberge

Alle Rechte vorbehalten, 1988
Telos-Verlag
Postfach 11 45
D 4417 Altenberge
Tel. (02502) 3534

ISBN 3-89375-002-9

Inhalt

Heinz Althaus
Vorwort   7

P. Walbert Bühlmann OFMCap
Das Christentum vor den großen Weltproblemen   17

Adel Theodor Khoury
Frieden, Toleranz und universale Solidarität
in der Sicht des Islams   50

Martin Kämpchen
Der Hinduismus angesichts der Weltprobleme
Schutz des Friedens und der Umwelt   80

Arnold Angenendt
"Was tut ihr da Besonderes?" (Mt 5,47)   105

Vorwort

Die Menschheit ist nach weit verbreiteter Überzeugung an einem Scheideweg angekommen. Im Jahre 1987 hat die Weltbevölkerung nach den Berechnungen der Vereinten Nationen die Fünf-Milliarden-Grenze überschritten. Damit hat sie sich innerhalb von 40 Jahren verdoppelt. Wenn das Wachstum anhält, werden innerhalb von 25 Jahren zehn Milliarden Menschen die Erde bewohnen. Da schon heute ein Drittel der Weltbevölkerung an Hunger und Unterernährung leidet, wird sich das Problem des Hungers gewaltig verschärfen. Denn die Nahrungsmittelproduktion kann mit dem Bevölkerungswachstum nicht Schritt halten. Im übrigen ist es fraglich geworden, ob die Nahrungsmittelproduktion überhaupt ausgeweitet werden kann. Eine Steigerung der Ernteerträge wurde in Europa und den von der europäischen Technologie beeinflußten Ländern vor allem durch den Einsatz künstlicher Düngemittel erreicht. Diese aber haben hinwiederum negative Nebenwirkungen. Das Grundwasser wird verseucht, und die Artenvielfalt in der Pflanzenwelt geht zurück. In den Ländern der Dritten Welt wurde die Nahrungsmittelproduktion vor allem durch eine Ausweitung der landwirtschaftlich nutzbaren Fläche gesteigert. Zu diesem Zweck wurden große Wälder abgeholzt, was einen ungeheuren Eingriff in den ökologischen Haushalt der Natur darstellt. Pflanzen und Tiere werden ausgerottet bzw. machen Platz für Äcker, die doch so karg sind, daß sie für anspruchsvolle Kulturpflanzen völlig ungeeignet sind. Aber auch auf das Klima hat das Abholzen der Wälder Auswirkungen. Und für die Trockengebiete der Erde hat das Bemühen, die Savanne oder Steppe zu kultivieren, noch schlimmere Folgen. Die Überbeanspruchung der Böden fördert letzten Endes nur das Vordringen der Wüste. In diesem Sinne stellt die Desertifikation der Sahelzone auch ein Ergebnis der Bemühungen von Menschen dar, die von der traditionellen Nomadenwirtschaft abgegangen sind und Landwirtschaft einzuführen versucht haben, wo sie wegen des chronischen Wassermangels gänzlich ungeeignet ist. Eine nicht geringere Gefahr für die Umwelt stellt das Freizeitverhalten des modernen Menschen und der Massentourismus dar. Wenn demnächst einmal im Sommer 150 Millionen Menschen an den Gestaden des Mittelmeeres Urlaub machen, ist abzusehen, daß das Mittelmeer bald völlig verschmutzt sein wird. Das hemmungslose Abholzen von Wäldern in den Alpen, bloß um Skipisten zu gewinnen, hat schon zur Verkarstung und zu großen Überschwemmungen geführt. Nicht unerwähnt bleiben darf der steigende Energiebedarf. Gerade die Verbrennung fossiler Brennstoffe wie Erdöl und Kohle stellt eine ungeheure Belastung der Atmosphäre dar, die durch Kohlendioxid angereichert und langsam, aber stetig so aufgewärmt wird, daß in einigen Jahrzehnten mit einem Abschmelzen der Eiskappen an den Polen und einem Ansteigen des Meeresspiegels gerechnet werden muß, wobei die küstennahen Tiefebenen der Erde vom Meer bedeckt werden würden. Absehbar ist auch, wann die Rohstoffe erschöpft sein werden. Damit steuert die explosionsartig wachsende und die Natur ausbeutende Menschheit einer Katastrophe zu.

Aber nicht nur die Bevölkerungsexplosion in vielen Ländern der Erde, die Schädigung der Umwelt und die Ausbeutung der Ressourcen stellen große Weltprobleme dar, sondern auch Friede, Gerechtigkeit, Entwicklung und Menschenrechte. Nach 1945 wurden über 150 Kriege auf der Erde geführt. Gegenwärtig sollen 30 Staaten in kriegerische Handlungen verwickelt sein. Nur Europa, in diesem Jahrhundert von zwei mörderischen Weltkriegen heimgesucht, gleicht seit 43 Jahren einer Insel des Friedens. Doch auch und gerade hier treibt die Menschen die Angst vor dem Kriege um, wie gerade die Nachrüstungsdebatte zeigte. Aber die Kundigen wissen schon längst, daß der im Augenblick noch die Weltpolitik beherrschende Ost-West-Konflikt unter der Hand schon durch den viel weiter reichenden Nord-Süd-Konflikt abgelöst wird. Das Wohlstandsgefälle von den reichen Ländern des Nordens zu den armen Ländern des Südens vergrößert sich immer mehr, und der

Schuldenberg der Dritten Welt wächst immer schneller. Schon sprechen einige davon, daß die Entwicklungshilfe nur ein raffiniertes Mittel der Industrieländer sei, die Entwicklungsländer weiterhin in wirtschaftlicher Abhängigkeit zu halten. Denn die von den Industrieländern beherrschte Weltwirtschaft habe dazu geführt, daß die Preise für Rohstoffe erheblich sanken, während gleichzeitig die von den Industrieländern erzeugten Fertigprodukte gewaltig im Preis stiegen. So haben sich allein im Zeitraum von 1979 bis 1987 die Schulden der Länder in der Dritten Welt verdoppelt. Eine solche Güterverteilung kann man nicht mehr als richtig und gerecht bezeichnen. Es geht nicht mehr darum, den Menschen in den Entwicklungsländern Almosen zu geben, sondern ihnen Hilfe zur Selbsthilfe durch groß angelegte Entwicklungsprogramme zu geben.

Im Zusammenhang mit diesen Problemen steht auch das neu erwachte Bewußtsein von der Würde des Menschen und seinen ihm angeborenen Rechten. Verankert in der Charta der Vereinten Nationen und unterschrieben von allen Mitgliedsländern, sind sie heute weltweit genauso wenig verwirklicht wie 1945, als sie zum ersten Mal formuliert wurden. Auch um die Toleranz zwischen Menschen verschiedener Nationalität, Rasse, Religion scheint es nicht besser bestellt zu sein, wenn man allein schon an den Kosovo in Jugoslawien, den Punjab in Indien und den Streit zwischen Armeniern und Aserbeidschanern in der Sowjetunion denkt.

Wie soll man diese großen Weltprobleme lösen? Lange Zeit glaubte man im Westen, die großen Weltprobleme mit Hilfe westlicher Rationalität und Technologie lösen zu können. Und in der Tat ist das Bevölkerungswachstum in der Dritten Welt ohne die riesigen Fortschritte der westlichen Medizin undenkbar. Seuchen wurden ausgerottet, die Kindersterblichkeit gesenkt und die durchschnittliche Lebenserwartung gesteigert. Doch die auf diese Weise ermöglichte Bevölkerungsexplosion scheint nicht mehr mit den Mitteln westlicher Technologie eingedämmt werden zu können. Die Inder lehnten sich auf, als Indira Gandhi die Geburtenkontrolle zwangsweise durchführen wollte, und stürzten die Premierministerin. Allzu sehr widersprach die künstliche Geburtenkontrolle dem traditionellen Bewußtsein, daß Fruchtbarkeit ein Segen der Götter sei. Nur das kommunistisch beherrschte, atheistisch geprägte China scheint mit seinen rigiden Maßnahmen zur Geburtenkontrolle Erfolg zu haben. Ansonsten aber scheint in den Entwicklungsländern die Vorstellung unausrottbar zu sein, daß Kinder einen Segen darstellen und daß jede Familie viele Kinder haben muß.

An dieser Stelle wird deutlich, daß westliche Rationalität und Technologie überall in der Dritten Welt an ihre Grenzen stößt, wo die Religion noch nicht zur Privatsache degeneriert ist, sondern die Gesellschaft beherrscht. Und darum ist Entwicklungshilfe ohne Berücksichtigung der Religion und Kultur des Volkes, dem sie zuteil werden soll, nicht möglich. Aber auch auf Seiten derjenigen, die Entwicklungshilfe gewähren, scheint es ohne Religion nicht zu gehen, weil Freiheit, Gleichheit, Brüderlichkeit ursprünglich aus religiösen Impulsen erwachsen sind und weil religiöse Impulse auch heute noch die stärksten Antriebe zur Meisterung der großen Weltprobleme darstellen. Nicht umsonst hat der Naturwissenschaftler und Philosoph Carl Friedrich von Weizsäcker die Forderung nach einer Weltversammlung der Christen für Gerechtigkeit, Frieden und Bewahrung der Schöpfung erhoben. Und nicht erst seit "Populorum progressio" haben sich die Päpste an die Spitze der Forderung gestellt, dem echten Fortschritt des Menschen in Gerechtigkeit und Frieden zu dienen. Und dort, wo angesichts verhärteter gesellschaftlicher Strukturen ein gerechter Ausgleich zwischen Reich und Arm aufgrund marktwirtschaftlicher Rationalität nicht mehr möglich ist, scheint das Evangelium mit seiner Forderung nach unbegrenzter Nächstenliebe und seiner Verheißung eines Reiches der Gerechtigkeit, der Liebe und des Friedens Möglichkeiten zur Veränderung bestehender ungerechter Verhältnisse zu bieten.

Was den Schutz der Umwelt und der natürlichen Lebensgrundlagen angeht, so scheint gerade die Forderung nach Askese und die Vorstellung, daß Gott dem Menschen die Schöpfung nicht zur Ausbeutung, sondern zur Bewahrung anvertraut hat, hier einen zukunftsträchtigen Weg aufzuweisen.

So sinnvoll und notwendig auch die kommende Weltversammlung der Christen für Gerechtigkeit, Frieden und Bewahrung der Schöpfung sein mag, die Bemühungen der Christen allein reichen nicht aus. Auch die anderen großen Religionen müssen einbezogen werden. Und da wäre vor allem an den Islam und den Hinduismus zu denken, jene beiden Religionen, die nächst dem Christentum die meisten Anhänger haben und gerade in der Dritten Welt stark verbreitet sind. Darum ist es sinnvoll, die großen Weltprobleme nicht nur vom Standpunkt des Christentums aus zu diskutieren, sondern den Islam und den Hinduismus in den Dialog einzubeziehen.

Weltprobleme sind umfassend. Mühelos könnte man mit der Erörterung eines jeden Weltproblems ganze Bücher füllen, zumal wenn es im Dialog mit den drei größten Weltreligionen behandelt wird. Darum war hier von vornherein eine Beschränkung geboten. Zum anderen war aber auf das in den einzelnen Religionen vorhandene Problembewußtsein Rücksicht zu nehmen. Denn was nutzt es, die Umweltproblematik in der Sicht einer Religion zu behandeln, wenn diese Religion die Umwelt noch nicht als Problem erkannt hat? Somit war den einzelnen Beiträgen jene Freiheit einzuräumen, die sich aus dem Problembewußtsein der jeweiligen Religion selbst ergab. Interessant ist das dabei gefundene Ergebnis.

Der Friede wird in allen drei Weltreligionen als zentrales Weltproblem begriffen. Bühlmann widmet diesem Thema unter den Überschriften Ost-West-Problem und Nord-Süd-Problem lange Passagen seiner Ausführungen. Khoury zeigt auf, wie das Thema Frieden oder heiliger Krieg schon von Anbeginn an im Islam grundgelegt ist und dessen Geschichte bis zum heutigen Tage bestimmt. Aufgrund seines Absolutheits- und Universalanspruchs kennt der Islam keine friedliche Koexistenz mit den anderen Religionen und dem Atheismus. Eine Ausnahme wird nur gegenüber den Schriftreligionen Judentum und Christentum gemacht. Juden und Christen werden unter islamischer

Herrschaft toleriert und erhalten als Schutzbefohlene den für ihre Existenz notwendigen Schutz, während die Anhänger der anderen Religionen verfolgt und mit der Todesstrafe bedroht werden. Die Toleranz, die im Hinblick auf die eine Welt, in der Menschen aller Nationalitäten, Rassen, Religionen zusammen leben, notwendig ist, ist also hier unbekannt. Bei dem Verständnis des Korans als eines im Himmel geschriebenen Buches, das nur Gottes Wort ist und nichts Menschliches, Geschichtliches enthält, ist es auch im höchsten Maße fraglich, ob hier eine Wandlung möglich ist und ob der Islam zu jener Anerkennung der Gewissens- und Religionsfreiheit fähig ist, zu der sich die katholische Kirche im Zweiten Vatikanum endgültig durchgerungen hat.

Eine große Rolle spielt der Friede auch im Hinduismus. Mit Recht macht Kämpchen darauf aufmerksam, daß im Hinduismus die alte Kriegertradition mit ihrer Hochschätzung des Krieges weiter lebt, der Gandhi sein Ideal der Gewaltlosigkeit entgegen gestellt hat. Dieses im Westen viel bewunderte Ideal hat Indien die staatliche Souveränität und Freiheit von der britischen Kolonialherrschaft gebracht, konnte sich aber in der Politik des jungen Staates nur höchst selten gegen die in der hinduistischen Tradition angelegte realistische machtpolitische Strömung durchsetzen, wie die vielen Kriege gegen das schwächere Pakistan beweisen.

Die Umweltproblematik ist erst im christlichen Kulturbereich in seiner vollen Tragweite erkannt worden. Die Naturwissenschaften und die moderne Technologie sind zwar im christlichen Kulturbereich entstanden, und die Industrieländer, bei denen die Umweltproblematik am schärfsten auftritt, gehören bis auf Japan zu diesem Kulturbereich, aber es ist doch enttäuschend zu sehen, daß Indien, das trotz seiner gewaltigen sozialen Probleme schon große Fortschritte in der Industrialisierung gemacht hat, den Umweltschutz noch nicht als vordringliche Aufgabe erkannt hat. Noch enttäuschender aber ist, daß der Hinduismus, für den ja alle Lebewesen von der Pflanze über das Tier bis zum Menschen mit einer Seele begabt sind, das Problem der Umweltzerstörung nicht erfaßt hat. Daß Pflanze und Tier genau so beseelt sind wie der Mensch, müßte doch eigentlich zu einem aus den tiefsten Wurzeln der Religion genährten Schutz der Umwelt führen, aber bis auf vereinzelte Protestaktionen gegen massenhaftes Abholzen der Wälder geschieht nichts. Ist daran etwa nur die indische Spiritualität mit ihrer "Wendung nach innen" schuld?

Entwicklungshilfe als die Form der Solidarität der Industrieländer mit der Dritten und Vierten Welt wird von Bühlmann im Rahmen des Nord-Süd-Problems behandelt. Wie das Zweite Vatikanische Konzil, die Enzykliken der Päpste, vor allem Pauls VI und Johannes Pauls II, und die großen Hilfswerke Adveniat, Misereor, Missio und vergleichbare Einrichtungen auf evangelischer Seite zeigen, ist das Bewußtsein der Christenheit für die Notwendigkeit der Entwicklungshilfe in den letzten Jahrzehnten außerordentlich gewachsen und geschärft worden. Das Gebot der Nächstenliebe wird nun nicht mehr einfach in dem Sinne verstanden, daß der einzelne von seinem Überfluß etwas abgeben und dem notleidenden Bruder ein Almosen geben solle, sondern daß Gruppen, Gesellschaften und ganze Völker in organisierter, systematischer Weise Menschen in unterentwickelten Ländern Hilfe zukommen lassen, die es ihnen ermöglicht, menschenwürdiger zu leben. Damit hat das Gebot der Nächstenliebe, das in universaler Weise zur Liebe gegenüber Menschen jeden Alters, jeden Standes, jeder Nationalität, jeder Rasse, jeder Religion verpflichtet, gewissermaßen eine öffentliche Dimension bekommen.

Im Islam dagegen gibt es, wie Khoury darstellt, volle Solidarität nur unter den Muslimen. Mit den Ungläubigen soll der Moslem keine Gemeinschaft halten, während mit Juden und Christen wenigstens eine Teilgemeinschaft möglich ist.

Kann der Moslem immerhin noch mit seinen 800 Millionen Glaubensbrüdern in aller Welt solidarisch sein, so ist die Solidarität im Hinduismus noch viel weiter eingeschränkt. Der gläubige Hindu übt Solidarität zunächst mit seiner Familie, für die er sich oft in einer Weise einsetzt, daß der westliche

Mensch beschämt wird, dann mit seiner Kaste und auch mit seinem Dorf, darüber hinaus aber nur sehr bedingt. Trotz seiner Aufhebung durch die indische Verfassung von 1947 behauptet sich das Kastenwesen und macht eine echte Solidarität des einzelnen mit seinem Volk, oder gar erst mit anderen Völkern, sehr schwer.

Als weiteres Weltproblem behandelt Bühlmann die Sinnfrage, die ein Problem darstellt, das nur den westlichen Kulturkreis betrifft. Im Zuge des Verfalls der festgefügten alten Gesellschaft kam der Individualismus auf, der dem einzelnen die Frage nach dem Sinn seines Lebens aufbürdete, ohne sie lösen zu können. Im Verbreitungsgebiet des Islams und des Hinduismus gibt es dagegen auch heute noch die traditionellen Gesellschaften, die die Sinnfrage für den einzelnen wie für die Gemeinschaft lösen.

Seit der Aufklärung wird der Kirche gern ein Modernitätsverlust attestiert. Sie befinde sich nicht in Übereinstimmung mit dem Zeitgeist und behindere den Fortschritt der Menschheit. Da ist es nun recht interessant, in Angenendts kirchenhistorischem Beitrag zu sehen, wie sich die Kirche im Früh- und Hochmittelalter für die damaligen Weltprobleme Frieden, Solidarität und Menschenrechte eingesetzt hat. Zu einer Zeit, als noch kein Sozialstaatsprinzip die öffentliche Wohlfahrt garantierte, als noch keine Verfassung die Gleichheit aller Menschen statuierte und keine Genfer Konventionen die Kriegsgefangenen schützten, war es die Kirche, die die Armen und Bedürftigen unterstützte, Sklaven und Kriegsgefangene loskaufte und für die Abschaffung der Sklaverei und die Milderung des Loses der Kriegsgefangenen eintrat. Von Anfang an war der freie Konsens unter den Brautleuten für die Kirche die wesentliche und unabdingbare Bedingung für die Eheschließung, was für die jungen Menschen bedeutete, daß sie wenigstens in diesem wichtigen Punkt von der Bevormundung durch die Eltern, die Sippe und die Gesellschaft frei waren. Auch mit ihrer kompromißlosen Verurteilung der Kindesaussetzung und -tötung setzte sich die Kirche für die Menschenrechte ein.

All diese Beiträge sind auf der Fortbildungstagung des Verbandes katholischer Religionslehrer an Gymnasien in West- und Norddeutschland e.V. vom 25. bis 27.9.1987 in Limburg vorgetragen worden. Ein seltener Glücksfall war es, daß alle Referenten bis zum Schluß der Tagung blieben und in einer Podiumsdiskussion ein Fazit der Tagung zogen: Keine Religion kann für sich beanspruchen, daß sie allein weiß, wie die großen Weltprobleme zu lösen sind, sondern alle Religionen sind zur Zusammenarbeit untereinander und mit den Atheisten aufgerufen, um den Frieden zu erhalten, die Solidarität unter allen Menschen zu fördern und die Schöpfung zu bewahren.

Die hier behandelten Fragen stehen in engem Zusammenhang mit dem Religionsunterricht, dem die Würzburger Synode in ihrem Beschluß "Der Religionsunterricht in der Schule" 1975 die Zielsetzung zugewiesen hatte: "er weckt und reflektiert die Frage ... nach dem Sinn und Wert des Lebens und nach den Normen für das Handeln des Menschen und ermöglicht eine Antwort aus der Offenbarung und aus dem Glauben der Kirche,... er befähigt zu persönlicher Entscheidung in Auseinandersetzung mit Konfessionen und Religionen, mit Weltanschauungen und Ideologien und fördert Verständnis und Toleranz gegenüber der Entscheidung anderer, er motiviert zu religiösem Leben und zu verantwortlichem Handeln in Kirche und Gesellschaft" (Heftreihe: Synodenbeschlüsse Nr. 4, S. 18). Dem entspricht das Interesse der Schüler an den großen Weltproblemen Frieden, Solidarität und Umwelt, wie auch an den großen Weltreligionen, die schon in der Mittelstufe des Gymnasiums zu behandeln sind. Schwierigkeiten bereitet indes immer die Vermittlung des Detailwissens, das eben für das Verständnis einer Religion notwendig ist. Ohne stets neue Motivationsschübe kommt der Religionslehrer nicht aus. Wenn jedoch das Kennenlernen fremder Religionen im Zusammenhang mit jenen großen Fragen nach Frieden, Umwelt und Solidarität steht, für die die Schüler eine außerordentliche Offenheit mitbringen, werden die pädagogischen Bemühungen sehr erleichtert.

Möge der vorliegende Band allen, die auf dem Gebiete des Religionsunterrichts, der Katechese und der Erwachsenenbildung mit den großen Weltproblemen befaßt sind, zahlreiche Anregungen und Verstehenshilfen geben.

Münster, im Juni 1988

Heinz Althaus

P. Walbert Bühlmann OFMCap

DAS CHRISTENTUM VOR DEN GROSSEN WELTPROBLEMEN

I. Vorfragen

1. Was hat das Christentum mit den Weltproblemen zu tun?

Man darf den Verantwortlichen dieser Fortbildungstagung zum voraus bestätigen, daß das Thema sehr gut gewählt war, und zwar nicht bloß als Lückenbüßer oder Ausdruck eines Modetrends. Wir wissen, daß ein Kind das Recht hat, noch Kind zu sein, sich im Mittelpunkt zu fühlen, denn alle Sorge der Eltern dreht sich um sein eigenes körperliches und geistiges Wachstum. Ein Erwachsener hingegen kennzeichnet sich dadurch als Erwachsener, daß er Verantwortung für andere zu übernehmen bereit ist, im Beruf, in der Familie, in Kirche und Welt.

Bei den sogenannten Naturvölkern kannte man die Initiationsriten. Dem Kind ließ man noch alles durch. Im Reifealter aber wurden die Jungen und Mädchen in die Stammesgebräuche eingeführt, bekamen ein neues Kleid und einen neuen Namen, mußten sich fortan als Erwachsene benehmen mit allen Rechten und Pflichten im Stamm.

Für unseren Fall könnte man daraus schließen: Es ist genügend und schon viel, wenn es uns gelingt, den Kindern in der Grundschule Religion soweit nahezubringen, um "die eigene Seele zu retten." Die Schüler und Schülerinnen am Gymnasium aber müßten als erwachsen werdende Christen, als gefirmte Christen soweit gebracht werden, daß sie als ihre neue Pflicht erkennen, "die Welt zu retten."

Gewiß soll damit die religiös-kirchliche Seite nicht vernachlässigt, soll der Horizont der Jugendlichen auf die Kirche als

Weltkirche geöffnet werden. Gewiß soll dem Trend in der Kirche nicht zugestimmt werden, der praktisch sagt: Die Welt den Laien, die Kirche den Klerikern. Gewiß soll die transzendente, eschatologische Dimension des Heiles in ihrer letzthinnigen Absolutheit nicht geleugnet oder auch nur zurückgestellt werden. Hingegen soll die immanente, historische, innerweltliche Dimension des Heiles in ihrer unmittelbaren Dringlichkeit gerade auf dieser Altersstufe sehr betont werden, dies auch gegenüber einem supernaturalisierten, individualisierten, spiritualisierten Heilsverlangen nach dem Paradies, das allzu lange das Denken der Kirche und der Heiligen beherrschte.

Mystik und Politik gehören immer zusammen. Aber auf der Gymnasialstufe, die ja häufig durch eine religiöse Wachstumskrise gekennzeichnet ist, darf und soll die Politik, das engagierte Eintreten für eine bessere Welt, in den Vordergrund gerückt werden, und zwar nicht als Alternative zur Religion, sondern als eine wesentliche und gerade in diesem Alter glaubwürdigere Art der Ausübung der Religion.

Diese Schau darf heute als gesichert und echt kirchlich gelten. Noch vor 20 Jahren nannte man die sozial-karitativ-politische Tätigkeit der Christen oder die Schulen und Spitäler in den Missionen Präevangelisierung. Es sollte dadurch ein gutes Klima und die Voraussetzung geschaffen werden, den eigentlichen Zweck, das Wachstum der Kirche, zu erreichen. Seit der Bischofssynode 1971 in Rom wissen wir, daß der Einsatz für Gerechtigkeit und Entwicklung, also für eine menschlichere Welt, ein wesentlicher Teil der Evangelisierung selbst ist. Papst Paul VI. bestätigte das 1975 in "Evangelii nuntiandi", wenn er sagt, daß die evangelische Liebe im modernen Kontext nicht mehr bloß Almosengeben bedeute, sondern den echten Fortschritt des Menschen in Gerechtigkeit und Friede (N. 31).

Es ist also legitim und dringlich, den jungen Christen das Engagement für Frieden und Abrüstung, für Dritte Welt und Gerechtigkeit, für Umwelt und alternativen Lebensstil als eminent christliches Handeln zu erklären. Es sei nochmals betont, daß beide Dimensionen des Heiles zusammengehören. Aber wenn sie schon faktisch-praktisch bei gewissen Menschen in gewissen Lebensphasen auseinanderfallen, würde ich jene Christen vorziehen, die sich sehr für die genannten Weltanliegen engagieren, auch wenn sie unterdessen nicht mehr in die Kirche gehen, und nicht jene, die zwar treu die Sonntagspflicht erfüllen, aber die Welt Welt bleiben lassen. Man nenne das nicht abschätzig Horizontalismus. Denn in Jesus Christus hat sich Gott als ein Gott geoffenbart, der sich des Menschen annimmt und der nicht ängstlich glaubt, dabei zu kurz zu kommen, denn alles, was wir dem geringsten Menschen tun, tun wir ja Jesus.

2. Christentum

Das Christentum stellt keine einheitliche Größe, keinen monolithischen Block dar, kennt darum keine einheitliche Reaktionsweise. Das war einmal der Fall zur Zeit der mittelalterlichen Christenheit, die einen religiös-kulturell-politischen Block bildete, zumal gegenüber dem ebenso einheitlichen religiös-kulturell-politischen Block des Islams. Zu Beginn dieses Jahrtausends, 1054, hat sich ein Teil der Christenheit abgespalten, in der Mitte des Jahrtausends, 1517, ein weiterer Teil, so sehr, daß wir seither in unseren Kirchengeschichtsbüchern von diesen anderen Kirchen gar keine Kenntnis mehr nahmen.

Erst mit Johannes XXIII. und dem Konzil wurde es wieder anders, nahmen wir als katholische Kirche, die wir über 1000 Jahre lang gegen die Juden, gegen die Heiden, gegen die Ketzer waren, mit all diesen Gruppen Gebets- und Dialoggemeinschaft auf und nennen wir die Ost- und Reformationskirchen Schwester-Kirchen. Aber es ist klar, daß wir mit ihnen nicht bloß in gewissen Glaubens- und Kirchenauffassungen noch nicht eins sind, sondern auch nicht in unserer Einstellung zu gewissen konkreten Weltproblemen. Das sind wir ja nicht einmal innerhalb der katholischen Kirche. Wir wissen um die leidige Polarisierung zwischen rechts und links, konservativ und progressiv, Kirche von oben und Kirche von unten, Öffnung zu den anderen und Betonung der eigenen Identität. Gerade die

Öffnung zur Welt ist einer der heftigsten Kontroverspunkte zwischen diesen zwei Flügeln. Die Haltung, die ich vertrete, dürfte aus meinen Büchern bekannt sein. Ich gehe bewußt keine dogmatischen Wagnisse ein, bewege mich aber pastorell auf einer eher offenen Linie, die ich vor der Bibel, dem Konzil und meinem Gewissen verantworten zu können glaube, sei es im pastoralen Interesse sowohl der Weltkirche wie des einzelnen Christen.

3. Die Weltprobleme

Wir müssen uns klar sein: Weltprobleme gibt es erst seit dem Ende des Zweiten Weltkrieges, also in unserer Generation. Vorher war die Welt zweigeteilt: Hier Kolonialmächte – dort Kolonialländer, hier Kirche – dort die Missionen. Erst mit der Entkolonialisierungswelle, in deren Gefolge an die 110 neue Staaten entstanden, sind wir in die erste Phase der eigentlichen Weltgeschichte eingetreten. Vorher gab es nur europäische Geschichte mit den drei Etappen Altertum, Mittelalter, Neuzeit. Ebenso ist auch das Zweite Vatikanische Konzil das erste Konzil der Weltkirche gewesen. Vorher gab es nur kontinentale Konzilien, die ersten acht alle im Osten mit ganz wenigen Gastbischöfen aus dem Westen, alle anderen im Westen ohne Gastbischöfe aus dem Osten. Im Ersten Vatikanischen Konzil waren zwar einige Apostolische Vikare aus Afrika und Asien eingeladen, aber sie waren samt und sonders Missionsbischöfe aus dem Westen. Erst im Zweiten Vatikanischen Konzil waren alle katholischen Bischöfe aus allen Kontinenten sowie Gastbischöfe und Vertreter aus allen Kirchen vertreten. Die Entwicklung lief seither weiter und führte dazu, daß sowohl in der UNO wie in den römischen Bischofssynoden die Vertreter der drei südlichen Kontinente die Zweidrittelmehrheit haben. Europa besitzt nicht mehr die Hegemonie in Welt und Kirche. Es ist Teil einer größeren Welt und einer größeren Kirche geworden.

Also: Erstmals alle Welt auf der Bühne, damit auch erstmals

Besinnung auf die Weltprobleme. Bis und mit dem Ersten Vatikanum waren wir eine ausgesprochen introvertierte Kirche. In den Konzilien beschäftigte man sich nur mit den eigenen Fragen, mit Dogmen und Moral, mit Disziplin und Ansehen der Kirche. Wenn Politik zur Sprache kam, dann zur Verteidigung der eigenen Interessen, vor allem des Kirchenstaates. Wenn wir von den sozialen Enzykliken Leo XIII. und Pius XI. absehen, die für die westliche Welt geschrieben waren, hat Johannes XXIII. die Enzyklika "Pacem in terris" erstmals nicht mehr bloß an die Bischöfe, sondern "an alle Menschen guten Willens" gerichtet, und hat das Zweite Vatikanum mit "Gaudium et spes" erstmals der Welt als solcher die Hand gereicht und ihre Probleme als solche ernst genommen.

Die Öffnung ist damit freilich noch nicht zur bleibenden und allgemeinen Haltung geworden. Wer etwas hinter die Kulissen des Vatikans schaut, bemerkt da eine latente Spannung zwischen den etablierten Kongregationen einerseits, die sich um Orthodoxie und Sakramentalisierung der Katholiken kümmern, und den neuen nachkonziliären Gremien, den Sekretariaten für die Einheit der Christen, für die Nichtchristen, für die Nichtglaubenden andererseits, denen es an Dialog und an Evangelisierung aller liegt.

II. Die konkreten Bereiche der Weltprobleme

Natürlich könnte man einen langen Katalog von Weltproblemen aufstellen und behandeln. Es genügt, an die vielen Traktanden bei den Versammlungen der UNO und ihrer verschiedenen Zweigorganisationen zu denken. Wir möchten uns jedoch auf jene Probleme konzentrieren, die unter den Kirchen so eine Art offiziösen Charakter bekommen haben, seit Carl Friedrich von Weizsäcker die Idee lanciert hat, eine "Weltversammlung der Christen für den Frieden, die Gerechtigkeit und den Schutz der Schöpfung" abzuhalten. Er hat auch kürzlich wiederum bei einem Symposium von Wissenschaftlern in Castel Gandolfo Ende August 1987 auf die äußerste Dringlichkeit dieser Fragen hingewiesen und den Papst, der täglich an den Gesprächen teilnahm, formell gebeten, eine solche Weltversammlung einzuberufen. Ich denke, daß unsere Arbeitstagung in dieser Richtung vorstoßen und ihre Möglichkeit zur Bewußtseinsbildung unter den Gymnasiasten stimulieren sollte.

1. Das Umweltproblem

Dieses neueste der drei genannten Weltprobleme ist vielleicht das schwierigste, weil hier noch am wenigsten konkrete Lösungen vor Augen schweben. Während bei den traditionellen Gesellschaften, vor allem in Asien (Dr. M. Kämpchen wird Näheres darüber berichten), der Kosmos am Anfang und Ende steht und der Mensch ganz als Teil des Kosmos gesehen wird, hat sich in der semitisch-christlichen Tradition der Mensch als Ebenbild Gottes, als Person, stark vom Kosmos abgehoben, was wir als gewaltigen "qualitativen Sprung" innerhalb der Evolution taxieren und keineswegs bagatellisieren möchten. Aber wir müssen zugeben, daß das Bewußtsein, "König der Schöpfung" zu sein, sich "die Erde untertan zu machen", in der neueren Geschichte seit der technischen Revolution zu einem rücksichtslosen egoistischen Raubbau an der Natur geführt hat, vor dessen Folgen uns grauen muß.

In den drei Nachkriegsjahrzehnten träumte alles vom "American way of life", verbesserten wir bedenkenlos unseren Standard, gewöhnten wir uns immer mehr Luxusgüter an, die einem heute als unverzichtbar vorkommen. 1960 erklärte J.W. Thompson, die Amerikaner müßten ihren Konsum jährlich um 16 Milliarden Dollar steigern, um den Rhythmus der Produktion aufrecht zu erhalten. Und plötzlich mußte man mit Schrecken feststellen, daß wir auf diese Weise unsere Biosphäre, in der wir atmen und leben, zerstören, daß wir unser Floß, auf dem wir schwimmen, abhacken. Der Club von Rom hat uns 1972 erstmals die Augen vor dieser dramatischen Situation geöffnet: Wenn die gegenwärtige Zunahme der Weltbevölkerung, der Industrialisierung, der Umweltverschmutzung, der Ausbeutung der Rohstoffe anhält, dann werden wir plötzlich vor absoluten Grenzen des Wachstums stehen und katastrophale Einschränkungen auf uns nehmen müssen, um überhaupt noch zu überleben.[1]

Seither mehrten sich die Kassandra-Rufe: "Wenn wir die nächsten 30 Jahre weiter leben wie in den vergangenen 30, bereiten wir unseren Kindern das Massengrab" (R. Garaudy). "Nur wer Pessimist genug ist, die ganze Größe der Gefahr zu erkennen, hat überhaupt die Möglichkeit, an ihrer Abwendung mitzuwirken" (W. Röpke). "Wir führen einen rücksichtslosen Eroberungskrieg gegen die wehrlos gewordene Natur. Wir beuten in Jahrzehnten aus, was die Natur in Jahrmillionen aufgebaut hat. Der Wald verbrennt, die Wüste wächst, die Luft ist verpestet, das Wasser wird zur Kloake. Der totale Sieg des technischen Menschen endet mit der totalen Selbstvernichtung" (H. Gruhl).

Die steigende Masse der Abgase der Industrien, der Autos, der Flugzeuge, der Heizung führt dazu, daß durch den sauren Regen zuerst die Seen, dann die Wälder zum Absterben kamen, nach neuesten Befürchtungen auch der Boden abstirbt, der ja nicht bloß "Dreck" ist, sondern ein Wunderwerk der Schöfung eigener Art. In einer Handvoll Erde soll ein riesiges Heer von sechs Milliarden Lebewesen, Milben, Mikroben, Bakterien, tätig sein, um anorganische in organische Stoffe zu verarbeiten. Wenn diese nun durch den giftigen Regen absterben, dann bleibt wirklich nur noch Dreck und dieser wird kein Gras und kein Gemüse, keine Blumen und keine Früchte mehr hervorbringen. Sogar die Gebäude und Denkmäler, die Jahrhunderte überlebt haben, werden jetzt zernagt und zerfressen. Der Kölner Dom wurde in den letzten 30 Jahren mehr verwittert als

---

[1] D. Meadows, Die Grenzen des Wachstums, Stuttgart 1972.

in den 300 Jahren zuvor. Nach einer groben Schätzung beläuft sich der Schaden durch die Luftverpestung in der BRD auf jährlich vier Milliarden DM. Auch der Mensch trägt erheblichen Schaden davon. Ärzte schlagen Alarm und weisen auf die zunehmenden Phänomene von Krebs, Blutarmut, Erstickungshusten, Mißbildungen bei Neugeborenen hin. Th. Löbsack prophezeit, daß der Mensch in den nächsten Jahrhunderten mehr und mehr Pflanzen- und Tierarten ausrotte, um dann selbst auf dem von ihm verwüsteten Planeten als letzter zu verenden[2].

Es fehlt uns nicht das Wissen um die katastrophale Lage, wohl aber die Bereitschaft, unser Verhalten zu ändern[3]. Es ist bezeichnend, daß die von Präsident J. Carter in Auftrag gegebene Studie "Global 2000", welche die ökologische Zukunft in sehr düsteren Farben schilderte, von der Reagan-Administration in die Schublade gesteckt und dafür wiederum unbekümmert das wirtschaftliche Wachstum gefördert wurde. Man zieht es vor, im Höllentempo in den Abgrund zu rasen, statt seinen Lebensstandard, den man sich angewöhnt hat, etwas abzubauen. Man zieht es vor, das Schlamassel der Nachkommenschaft zu hinterlassen, statt durch eine gemäßigte, gesteuerte Wirtschaftsdrosselung das Unheil etwas zu mindern.

Bis vor kurzem haben nur die "Grünen" als Propheten, als Stimme des Rufers in der Wüste, auf diese Situation hingewiesen. Inzwischen ist das Thema Umweltschutz in die Programme aller großen Parteien eingezogen. Aber man hat noch allzu oft den Eindruck, es gehe vor allem darum, die Stimmen nicht an die Grünen zu verlieren als um echte Bereitschaft zur radikalen Umkehr.

Wir hatten in der Schweiz im März 1987 im Bundesparlament eine bezeichnende Debatte. Man hatte zwei Jahre zuvor dem Bundesrat den Auftrag gegeben, eine entsprechende Studie zu veranlassen, damit man den Stand der Dinge klar

---

[2] Th. Löbsack, Die letzten Jahre der Menschheit, München 1983.
[3] J.W. Botkin, No limits to learning, Oxford 1979.

sehe. Nun wurde diese Studie zur Beratung vorgelegt. Man konnte nichts gegen sie einwenden. Man mußte die Einschätzung der bedrohlichen Situation in Bezug auf unsere Lebensqualität teilen. Als es sich aber darum handelte, die vorgeschlagenen konkreten Gegenmaßnahmen zu beschließen, schreckte man zurück, erlag man der Lobby gewisser Interessenkreise, entschuldigte man sich damit, daß beim Volk solche Maßnahmen doch nicht befolgt würden. Aber wie soll beim Volk die Bereitschaft wachsen, wenn die Politiker sich so zaghaft verhalten? Einer schiebt dem anderen den schwarzen Peter zu. Ein Zeitungskommentar sagte mit Recht: "Der Nationalrat hat keine Signale gesetzt und damit eine wichtige Chance verpaßt."

Hier nun wird die Rolle der Kirche deutlich. Wenn die Politiker nicht klar zu reden wagen, müssen es umso mehr die Kirchen tun. Ohne religiöse Motivation wird man sich kaum aufraffen, zu tun, was zu tun wäre, um den Lauf der Dinge zu ändern. Man dürfte also ruhig in Predigten und Volksmissionen gewisse Sünden der Vergangenheit weniger dramatisieren, dafür umso mehr den Konsumismus anprangern und den neuen alternativen Lebensstil als Notwendigkeit und als Tugend fordern. Es muß eine Theologie des Verzichtes und des Umweltschutzes entwickelt werden. Man soll die Sünden gegen Gott und den Menschen ergänzen durch die Sünden gegen die Schöpfung. Man kann z.B. mit gewissen Slogans Stimmung schaffen: "Unter Verzicht attraktiver leben! Anders leben, damit andere überleben!"

Es ist bezeichnend, daß im neuen Moralwerk von B. Häring[4] im ganzen dritten Band von Dingen gesprochen wird, von denen in früheren Moralbüchern kaum die Rede war, vom Leben, von der Gesundheit, von der Freizeit, vom Frieden, von der Armut, von der Konsumaskese, von der Ökologie. Ein Afrikaner, A. Tévoédjiré, hat ein sinnvolles Buch geschrieben: Die

---

[4] B. Häring, Frei in Christus III: Die Verantwortung des Menschen für das Leben, Freiburg i.B. 1981.

Armut, der Reichtum der Völker. Er wünscht weder für Afrika noch für Europa das Elend, wohl aber eine sinn- und würdevolle Armut, die viel Überflüssiges abbaue, aber dafür das Leben als solches wieder mehr genieße.

Schon verschiedene Bischofskonferenzen haben entsprechende Texte veröffentlicht. Aber die Stimme ist noch viel zu wenig eindringlich, der Akzent zu wenig stark, die Praxis kirchlicher Kreise zu wenig konsequent. Man müßte Mut zu utopischen, und doch sehr realistischen Verhaltensweisen aufbringen. Wann werden in unseren Städten der Bischof und der Oberbürgermeister eine gemeinsame Kampagne zugunsten des Fahrrades starten und zur Ermutigung selber mit dem Rad durch die Straßen fahren?

1979 hat Papst Johannes Paul II. Franz von Assisi zum Patron der Ökologie ernannt. Dieser so sympathische Heilige wird gewiß keine ferngesteuerten Wunder wirken. Aber vielleicht könnte er, der die Natur als Geschenk und Spur Gottes erkannt, geliebt, besungen und mitten in der Armut fröhlich genossen hat, dieses Wunder zustande bringen, dem heutigen Menschen die Augen zu öffnen und ihm die Freude an einem einfachen Leben zurückzugeben. Dann würde das Umweltproblem, das praktisch in einen Umweltkonflikt ausartete, in einen Umweltdialog gewandelt werden und wir würden, nicht verzweifelt, weil wir die schließlich anlaufenden Bestrebungen zur Besserung anerkennen, sondern ermutigend, im Vertrauen auf den Schöpfer, auf die Schöpfung, auf den Menschen, dahin wirken, daß wenigstens in unserem Umkreis der Gymnasien das Problem bewußt, der liebende Dialog mit der Schöpfung gepflegt und der Druck auf die Öffentlichkeit verstärkt wird.

2. Das Ost-West-Problem

Früher kannte man den deutsch-französischen Konflikt, der den Krieg von 1870 und die zwei Weltkriege nach sich zog. Inzwischen wurde er überwunden, und ein innereuropäischer Krieg scheint heute nicht mehr denkbar zu sein. Dafür hat sich, über Europa hinweg, ein Konflikt in viel grandioserem Ausmaß zwischen den zwei Supermächten und ihren Blöcken entfaltet.

Kaum waren nämlich die Feuerflammen des Zweiten Weltkrieges erloschen und die Trümmerfelder der verbombten Städte aufgeräumt, begann auf Hochtouren die Aufrüstung für einen möglichen Dritten Weltkrieg, der dann höchstwahrscheinlich der endgültig letzte sein würde, weil dadurch die Menschen in Ost und West dermaßen vernichtet würden, daß den restlichen Lust und Kraft zu weiteren Kriegen gründlich vergingen. Die Ostblock-Länder haben sich trotz des niedrigen Lebensstandardes des Volkes derart auf die Rüstung konzentriert, daß sie in Bezug auf die konventionellen Boden-, Luft- und Seestreitkräfte die NATO-Länder überflügelten und in Bezug auf die Nuklearwaffen den Vorsprung des Westens aufholten und nun im "Gleichgewicht des Schreckens" mitziehen können.

Niemand kann garantieren, daß ein Nuklearschlag nicht doch einmal erfolge, daß der Mensch, was er tun kann, nicht einmal tut, und man dann den amerikanischen Ausdruck vom "overkilling" (mehr als töten, mehrfach töten) in seiner Schrecklichkeit erfahren würde. Denn bereits jetzt könnten die UdSSR und die USA mit ihren insgesamt 50 000 Atomsprengköpfen, was einer Million Bomben von Hiroshima entspricht, sich gegenseitig je an die 30 mal zerstören — als ob es mit einemmal nicht schon mehr als genug wäre!

Inzwischen hat sich diese endlose und sinnlose Rüstungsspirale wirklich ad absurdum geführt. Man weiß nämlich heute, daß es selbst bei einem nur einseitigen Atomschlag auf beiden Seiten nur Besiegte gäbe, weil gemäß vielen Wissenschaftlern schon die Explosion von 100 Megatonnen — die zwei Supermächte verfügen zur Zeit über 12 000 Megatonnen! — über die ganze nördliche Erdhemisphäre einen "nuklearen Winter" verbreiten würde. Hunderte von Millionen Tonnen Rauch und Ruß aus den Atompilzen, den brennenden Wäldern, Städten und Industrieanlagen würden Sonnenlicht und -wärme total abschirmen, sodaß die Erde monatelang in schwarze Nacht gehüllt und von Gefriertemperaturen heimgesucht würde, die für Pflanzen- und Tierwelt wie für den Menschen tödlich wirken könnten. Man kommt also allmählich zur Einsicht, daß die gesamte nukleare Aufrüstung der letzten Jahrzehnte, scheinbar die technische Superleistung des modernen Menschen, den größten Unsinn der Weltgeschichte, die größte Verirrung und damit auch Verdemütigung des Menschen darstellt.

Was wunders, wenn Generalsekretär Michail Gorbatschow einen neuen Kurs einschlagen möchte und unermüdlich nicht nur einen Stop der weiteren Aufrüstung, sondern radikale Abrüstung vorschlägt? Im Westen mißtraut man noch. Man denkt zuwenig daran, daß Papst Pius XII. in seiner bekannten Weihnachtsansprache 1941, ferner Papst Johannes XXIII. in "Pacem in terris", sowie das Konzil in "Gaudium et spes" (N. 79-82) und schließlich die Päpste Paul VI. und Johannes Paul II. in ihren Reden, vor allem vor der UNO, den totalen Krieg, darum auch das ungezügelte Aufrüstungsrennen, geächtet und zu Verhandlungen auf der Basis des Vertrauens und von Verträgen und unter gegenseitiger Kontrolle aufgerufen haben. Man muß hier noch vermehrt den Druck der öffentlichen Meinung ansetzen und bewirken, daß die Mahnung Johannes Paul II. an Präsident R. Reagan — anläßlich des Gipfeltreffens der westlichen Industrienationen in Venedig — den Worten von Frieden endlich Taten folgen zu lassen, befolgt werde.

Wenn also bezüglich eines Weltkrieges eine gewisse Hoffnung auf Einsicht berechtigt erscheint, laufen unterdessen die kleinen Kriege noch unbekümmert weiter. Das Internationale Friedensforschungs-Institut in Stockholm machte bekannt, daß 1986 30 Staaten direkt an Kriegen oder bewaffneten Konflikten beteiligt waren, die zwischen drei und fünf Millionen Menschen das Leben kosteten, mit Ausnahme von Nordirland alle außerhalb Europas. Aber wir alle sind mitverantwortlich, indem wir uns durch Waffenverkauf an diesen Kriegen beteiligen und uns durch solche Schmutzgeschäfte bereichern. Wir liefern die Waffen, die anderen Völker liefern die Toten. Dazu kommt, daß die Mehrzahl dieser Konflikte sogenannte Stellvertreterkriege sind, indem die Großmächte auf Kosten jener Kleinen ihre Waffen ausprobieren und ihre Einflußsphären ausmarkten.

Auch hier muß man endlich abrüsten, statt wettrüsten, miteinander verhandeln, statt einander verschießen. Es muß noch vielmehr ein organisiertes Menschenbeben durch die Welt gehen und erreichen, daß, wie vor 100 Jahren endlich die Sklaverei als unvereinbar mit der Menschenwürde erkannt und abgeschafft wurde, so jetzt die Zeit komme, wo das Volk als solches kriegerische "Lösungen" einfach nicht mehr akzeptiert, folglich auch schon die sinnlose Kriegsrüstung boykottiert, so daß sich das Prinzip der Gewaltlosigkeit und der Geist der Bergpredigt als unumgängliche Postulate der Realpolitik durchsetzen.

Das Ost-West-Problem hat neben dem militärischen, auch noch den Menschenrechts-Aspekt. Man wirft dem Osten vor, die Menschenrechte schändlich zu verletzen, und er tut es, vom damaligen Gulag bis zum heutigen Afghanistan. Aber sieht denn die Weste des Westens wirklich so blank aus? Es gibt in nicht wenigen Staaten, die zum Westen gehören, von Brasilien bis Südafrika, die Folter bis zum Tode und direkte Morde durch die Todesschwadrone, und wir anderen Staaten dulden es, "mischen uns nicht ein", treiben mit ihnen nach wie vor Handel und bereichern dadurch sie und uns. Die Menschenrechtskonvention der UNO von 1948 bleibt sowohl im Osten wie im Westen noch in manchen Punkten toter Buchstabe und wir freien Bürger haben mit allen loyalen Mitteln dafür zu kämpfen, daß sich das ändere.

Seien wir ehrlich und sagen wir offen, daß auch in unserer Kirche die Menschenrechte, oder nennen wir es hier die Grundrechte des Christen, noch nicht genügend eingehalten werden. Das hat L. Boff in seinem Buch "Macht und Charisma in der Kirche", das ihm zum Verhängnis wurde, nachgewiesen. Das geht leider mehr als deutlich auch hervor aus meinem Buch "Von der Kirche träumen", das in einem Jahr vier Auflagen erlebte, also dem Empfinden vieler Leute entsprach. Wenn der priesterliche Dienst nach wie vor an die Zölibatspflicht gebunden bleibt und dadurch Tausenden von Gemeinden in Lateinamerika und Afrika – zunehmend auch in Europa – die sonntägliche Eucharistie vorenthalten wird, muß man sich fragen, ob denn die Eucharistie ein Zugeständnis der Kirche nach ihrem Ermessen sei oder nicht ein freies Geschenk Gottes, ohne viele Klauseln, an die Gläubigen. Wenn die Frau nach wie vor nicht die Gleichberechtigung in der Kirche erhält aus theologischen Argumenten, die einfach nicht überzeugen, muß man sich fragen, ob die Kirchenautorität zuwarte, bis auch noch die Frauen – und mit ihnen die Kinder! – aus der Kirche auswandern, und meinen, dann sei wenigstens die Frauenfrage gelöst. Wenn bei Bischofsernennungen nach wie vor die Ortskirchen so wenig konsultiert werden, wie es in der letzten Zeit allzu häufig vorgekommen ist, muß man sich fragen, ob die Universaljurisdiktion des Papstes nicht überstrapaziert, verabsolutiert werde, als ob das Vatikanum I nicht ergänzt worden wäre durch das Vatikanum II.

Mit solchen kritischen Fragen verstoßen wir nicht gegen die Loyalität gegenüber der Kirche. Im Gegenteil, sie werden gestellt aus Liebe zur Kirche, wobei wir mit Kirche freilich nicht zunächst den Vatikan meinen, sondern das Volk Gottes. Man nimmt gewisse Strukturen und Gesetze der Kirche nicht mehr einfach hin wie im feudalistischen Zeitalter. Man will als Mensch, als Person, ernst genommen werden, man will mitdenken, mitentscheiden und letztlich nach seinem Gewissen handeln. Wie man heute in der Welt gegen rechtsverletzende Systeme in Ost und West protestiert, so darf und soll man auch in der Kirche junge Christen ermutigen, wenn sie sich nicht mehr bloß konformistisch an Gesetze halten, sondern wenn sie von ihrem Gewissen her eine gewisse Kirche hinterfragen, kritisieren, verändern wollen, um immer mehr eine konzilsgemäße, gottes- und menschenwürdige Kirche zu bekommen – wobei das natürlich nicht als Alibi dienen darf und man sich immer sagen muß: Kirche, das sind wir, und alle Kirchenreform muß bei uns selbst beginnen!

3. Das Nord-Süd-Problem

Das Ost-West-Problem ist fatal verquickt mit dem Nord-Süd-Problem. Auf dem gleichen und heute klein gewordenen Planeten Erde spendet man gegenwärtig jährlich rund 1000 Milliarden Dollar für mörderische Kriegsrüstung, während 800 Millionen Menschen mangels Hilfe unter dem Existenzminimum leben, dursten, kranken und z.T. verhungern. Willy Brandt nannte das in einem Buchtitel den "organisierten Wahnsinn"[5]. Er spricht darin vom "immer weitern Aufhäufen von Zerstörungsmaschinen, die schon töten, ohne daß sie benützt werden, weil sie das Geld fressen, das Menschen vor dem Tod des Verhungerns bewahrt." Der Vatikan hat schon 1977 in einem Dokument über die Abrüstung kühn gesagt, diese Investitionen für militärische Aufrüstung seien Zweckentfremdung des Geldes — vor dem Gericht strafbar wie Diebstahl! —, weil dieses Geld für andere Prioritäten eingesetzt werden *müßte*.

So sehr wir die Werke Missio, Misereor, Adveniat, Caritas usw. schätzen, mit freiwilligen Gaben kann man vielen Menschen konkret helfen, aber behebt die Ursachen der Not nie. Es müssen gerechtere Welthandelsbedingungen geschaffen werden, sonst kommen die armen Länder nie aus dem Schuldenloch heraus. In den letzten 20 Jahren sind die Preise der Rohstoffe, die sie liefern können, um rund 50% gesunken, während die westlichen Industriegüter, auf die sie angewiesen sind, um das Drei- bis Fünffache gestiegen sind. So erklärt sich die wachsende Verschuldung der Entwicklungsländer, die von 69 Milliarden Dollar im Jahre 1970 auf 548 Milliarden im Jahre 1982 und bis 1988 auf rund 1000 Milliarden angestiegen ist. Eine neue Weltwirtschaftsordnung ist schon längst im Gespräch, aber leider nur im Gespräch.

Die Kirche kann an dieser sich stets verschlimmernden Lage nicht vorbeisehen. Zukunft und Schicksal der Welt liegen weitgehend in der südlichen Hemisphäre, wo im nahen Jahr 2000

---

[5] W. Brandt, Der organisierte Wahnsinn, Köln 1985.

80% der Menschen und 70% der Katholiken leben werden. Von der Kirche erwartet man weder einen technischen noch einen finanziellen Beitrag. Ihr obliegt vor allem die Aufgabe der Konszientisierung, der Bewußtseinsbildung. Sie muß diese Diskrepanz auf unserer kleinen Erde bewußt machen, sie zur verabscheuungswürdigen "Sünde der Welt" erklären, den Einsatz für Gerechtigkeit und Entwicklung den christlichen Laien als eine ihrer ersten Pflichten ans Herz legen. Ich glaube, vor allem die Jugend ist für Weltsolidarität sehr offen und kann mitbestimmend sein im öffentlichen Druck. Wir haben es damals in den USA gesehen, daß der Vietnam-Krieg unter dem Druck der Straße beendet werden mußte, und wir erleben es heute, daß dort die Haltung gegenüber Südafrika — hoffentlich auch bald gegenüber Nicaragua und allen Stellvertreter-Kriegen! — geändert werden muß.

Zweitens ergibt sich die Aufgabe der Motivierung, um den Teufelskreis der nationalistischen Egoismen zu durchbrechen. Ohne neue und höhere Motive wird das nicht gelingen. Papst Johannes Paul II. führte in seiner ersten Enzyklika "Redemptor hominis" aus: "Das bekannte Nord-Süd-Gefälle erscheint wie die gigantische Vergrößerung des biblischen Gleichnisses vom reichen Prasser und dem armen Lazarus. Diese Strukturen bewirken, daß sich die Zonen des Elendes mit ihrer Last an Angst, Enttäuschung und Bitterkeit unaufhörlich weiter ausdehnen. Um diese dramatische Lage zu ändern, braucht es eine wahre Umkehr der Mentalität, des Willens und des Herzens." Das gleiche sagte schon Papst Paul VI., jetzt vor genau 20 Jahren, mit der Enzyklika "Populorum progressio", ein Appell von unerhörter Dramatik, der heute noch so aktuell ist wie damals und den man sehr gut in ein paar Stunden Religionsunterricht auffrischen könnte. Ich zitiere nur ein paar Sätze daraus: "An alle Menschen guten Willens, die sich dessen bewußt sind, daß der Weg zum Frieden über die Entwicklung führt. Delegierte an den Internationalen Organisationen, Staatsmänner, Publizisten, Erzieher (!), alle, jeder an seinem Platz, ihr seid die Baumeister der neuen Welt! Wir bitten den allmächtigen Gott, euren Verstand zu erleuchten, euren Mut zu stärken, um die öffentliche Meinung zu alarmieren und die Völker mitzureißen. Erzieher (!), an euch ist's, schon in den Jugendlichen die Liebe zu den Völkern im Elend zu wecken! ..."

Drittens soll die Kirche vom Evangelium her Postulate, auch Utopien in die Welt setzen. So tat es kürzlich Bischof Alois Wagner vom Päpstlichen Rat "Cor unum", der bei einer Tagung von Unternehmern die alttestamentliche Idee des Jubeljahres in Erinnerung rief, wo alle Schulden erlassen und das Land neu verteilt wurde, um allen wieder einen neuen Anfang zu ermöglichen. So tat ich es mit der Idee, die ich schon da und dort vorlegte, die UNO müßte nach den Entwicklungsjahrzehnten, 60-70, das euphorisch anfing und melancholisch aufhörte, 70-80, das tragisch zu Ende ging, 80-90, das bald in eine geradezu dramatische Situation ausmündet, ein Ent-Entwicklungsjahrzehnt ausrufen, wo die Industrienationen eingeladen würden, ihren Vorsprung und Konsum zu reduzieren, und zwar aus ökologischen Gründen, weil es so wie die letzten Jahrzehnte einfach nicht mehr weitergehen kann; aus psychologischen Gründen, weil wir bekanntermaßen die höchste Rate von unzufriedenen und psychologisch angeschlagenen Menschen und deshalb auch von Ehescheidungen und Selbstmorden zählen; aus Gründen der Solidarität, um mit allen Menschen zu teilen, damit alle das Lebensnotwendige zur Verfügung haben.

Wenn einer eine solche Idee ausdrückt, bleibt sie eine Utopie. Wenn hundert sich ihr anschließen, wird sie plausibel. Wenn Millionen dafür demonstrieren, wird sie vielleicht Wirklichkeit. Von Helder Camara stammt das Wort: "Selig die Träumenden, denn sie riskieren, daß einige ihrer Träume Wirklichkeit werden."

Es fällt mir geradezu auf, wie Autoren der Dritten Welt — ich denke z.B. konkret an neue Bücher von L. Boff, J.M. Ela, A. Pieris — fast hartnäckig den Zusammenhang zwischen der Eucharistie und der Weltnot aufzeigen und betonen, daß es nicht erlaubt und gottgefällig sei, Eucharistie zu feiern und gleichgültig zu sein gegenüber der Ungerechtigkeit in der Welt; daß Eucharistie nicht christlich sei, wenn sie die Millionen von Menschen, die in der anderen Hälfte der Erde sterben, ihrem Schicksal überlasse; daß man das Geheimnis des Leidens Christi nur dann legitim und sinnvoll in der Kirche feiere, wenn man vorher am Leiden Christi in seinen Brüdern und Schwestern in der Welt echten Anteil genommen habe.

Die USA-Bischofskonferenz hatte den Mut, die heißen Eisen anzurühren und in einem ersten Hirtenbrief die Fragen von Frieden und Abrüstung, in einem zweiten, die Fragen der Wirtschaftssysteme sehr klar anzupacken und darzulegen. Die Schreiben wurden mit letzter Kompetenz verfaßt, im Gespräch mit Theologen, Politologen, Nationalökonomen. Sie kamen an und schlugen beim Volk und bei vielen Kongreß-Mitgliedern ein. Es ist heute statistisch erwiesen, daß die Kirche in den USA wieder mehr Glaubwürdigkeit, Selbstbewußtsein und Gefolgschaft verzeichnet, weil viele Leute merken, daß diese Kirche etwas zu sagen hat[6].

Was es heute nun vor allem bräuchte, das wären prophetische Gestalten, die nicht bloß reden und Dokumente herausgeben, sondern die handeln, Fachleute der Politik und Wirtschaft, die in den Fragen der Ökologie, der Abrüstung, des Welthandels die Impulse des Evangeliums, der Kirche, der Menschlichkeit in die Tat umsetzen, kühne neue Konzepte entwerfen und sie mutig und hoffentlich mit Erfolg zu Ende führen. Es fehlt uns heute offensichtlich an solchen überragenden Männern wie damals Kennedy, De Gaulle, Adenauer, De Gasperi. Vielleicht, daß einige Ihrer Schüler und Schülerinnen einmal zu solchen Gestalten heranwachsen, die Sie in der Jugend gefördert hätten.

Im Grunde geht es schlicht und einfach darum, daß die genannten Welt-Probleme nicht in Welt-Konflikte ausarten, in den Natur-Konsum-Konflikt, den Ost-West- und den Nord-Süd-Konflikt, sondern, daß sie in echtem Dialog gelöst werden, in

---

[6] Vgl. Herder Korrespondenz 1987, 446f.

ehrfüchtigem Dialog mit der Schöpfung und ihrem Schöpfer, in liebendem Dialog zwischen den Menschen aller Kontinente und Kulturen, aller sozialen, religiösen oder ideologischen Gruppierungen.

4. Das Sinn-Problem

Die bisher genannten drei Probleme berühren und bestimmen die äußere Gestalt des Planeten und die äußere Geschichte des Menschen. Daneben baute sich im Westen ein neues, innerliches, schwierigeres Problem auf, das sich zusehends auch über die Welt ausbreitet und somit auch ein Welt-Problem wird: Ich meine die Sinnfrage.

Die traditionellen Menschengruppen haben wie als Kompensation für ihre materielle Armut gewisse Grundwerte mit in die Wiege bekommen, die das harte Leben sinnvoll und damit erträglich machten. Jeder, der in den tropischen Ländern lebte, konnte beobachten, wie dort die Mutter Zeit und Liebe für ihr Kind verschwendet, wie sie es hegt und pflegt. Damit verschafft sie diesem kleinen Wesen beim Eintritt ins Leben eine "paradiesische Erfahrung", das Erlebnis von Freude, Geborgenheit, Angenommen-Sein, Urvertrauen, das im Kind tief verwurzelt wird und im ganzen Leben durchhält bis zum End-Vertrauen, so daß man sich auch zuversichtlich und wie selbstverständlich in den Tod fallen läßt. Es ist bekannt und bezeichnend, daß die Menschen der traditionellen Gesellschaften nicht nur leichter gebären, sondern auch leichter sterben. Beides gehört zusammen. Das Urvertrauen wird selbst an der Erfahrung des Todes nicht irre, sondern begleitet den Sterbenden gelassen auch dorthin, wo letztes Vertrauen die einzig sinnvolle Reaktion sein kann.

Diese psychologisch-pädagogische Grunderfahrung wird dann problemlos überhöht im religiösen Weltbild. Wo immer ein Mensch lebt, stellt er sich, weil er Mensch ist, die Sinnfrage: "Woher? Wohin? Wozu?" In der traditionellen Gesellschaft war mit der Frage auch schon die Antwort gegeben.

Seit Urzeiten lag sie vor in Mythen, Gottesmythen, Schöpfungsmythen, Ursündemythen, Todesmythen, Wohlverhaltensmythen. Man grübelte nicht über die Sinnfrage nach, sondern feierte in Festen und Riten die Sinnaussage. Man besaß also wenig technischen Standard, aber man führte ein sinnvolles Leben, und das genügte.

Beim modernen Menschen hingegen äußert sich bei allem Fortschritt und Vorteil ein zunehmendes "Unbehagen an der Modernität." Eine der Hauptursachen liegt nach P.L. Berger darin, daß die Sinnfrage die öffentliche Anerkennung verloren hat und in die private Sphäre verdrängt wurde. Man setzte sich völlig von der Tradition ab. Nun ist jeder auf sich selber verwiesen. Aber der einzelne Mensch, obwohl von Natur aus ein sinnbedürftiges Wesen, kann sich selbst meist nicht den Sinn vermitteln. Er hängt in der Luft und verfällt in seiner Hilflosigkeit zusehends dem Un-Sinn, dem Wider-Sinn, dem Blöd-Sinn, dem Irr-Sinn, nicht selten auch dem Wahn-Sinn.

Anstelle des traditionell religiösen Weltbildes, wo Geborgenheit vorherrschte, weil Leben-Tod-Gott noch aufeinander reimten, bekunden nun mehr und mehr Philosophen und Schriftsteller ein eigenartiges Gefühl der Verlorenheit, Ortlosigkeit, Ratlosigkeit. Während früher in der Literatur das Bild vom Pilger geläufig war, schildert man heute mit Vorliebe den fliehenden, fallenden, stürzenden Menschen.

Diese innere Not, verstärkt durch die düsteren Zukunftsperspektiven der drei äußeren Welt-Probleme, führt zu einer weltweiten Depression, die sich auf viele Menschen, vor allem auf Jugendliche, psychisch auswirkt. Sie leben schon während der Schuljahre in der Angst, keine Stelle zu finden, nicht gebraucht zu werden, einer schweren Zukunft entgegenzugehen. Sie werden, laut R. Affemann, infolgedessen ziellos, antriebslos, energielos, appetitlos, schlaflos, hoffnungslos.

Niemand weiß, wie es weitergeht. Niemand weiß, wozu denn dieses ganze Theater, man kann auch sagen, dieses Welttheater sei. Ein Fachmann für diese Probleme, V.E. Frankl, stellt die These auf, daß heute nicht mehr die Sex-Frage, sondern die Sinn-Frage die Welt beherrsche, und daß die Menschen nicht mehr mit ihren Minderwertigkeitskomplexen zum Psychiater gehen, sondern mit ihren Sinnlosigkeitsgefühlen, mit ihren Leere-Gefühlen, mit dem, was Frankl "das existentielle Vakuum" nennt, das er schon 1946 beschrieben hat, das aber inzwischen zu einem weltweiten Phänomen angewachsen sei, sowohl in der kapitalistischen wie in der kommunistischen Welt und mehr und mehr auch in den Entwicklungsländern. Er gibt zu, daß man rein innerweltlich das Problem nicht lösen könne, und fragt sich, ob man zur Überwindung der Sinn-Krise aus rein therapeutischen Gründen nicht einen Übersinn, einen Meta-Sinn, einen über die reine Wissenschaft hinausgehenden religiösen Glauben postulieren müsse[7].

Die Sinnfrage fiel in der Tat haarscharf mit der Gotteskrise zusammen. Als man anfing, Gott aus dem Denken zu verdammen, ihn zu leugnen, ging auch die Frage nach dem Lebenssinn nicht mehr auf. Wenn heute auch viele Menschen meinen, sie könnten nicht an Gott glauben, hegen sie ein stilles Heimweh nach Transzendenz, nach Erfüllung, nach Ewigkeit. Dieses Heimweh macht sie krank. Die Heilung kann nur erfolgen, wenn man ihnen hilft, die Spuren der Ewigkeit, die in ihnen — in jedem Menschen! — latent vorhanden sind, zu erspüren und ihnen folgend zum Glauben an den unendlichen Gott zu kommen. Die Frage nach dem Menschen wird also zur Frage nach Gott, und umgekehrt. Das neu erwachende Interesse an Gott kommt vom über sich selbst unzufriedenen Menschen her — natürlich auch, weil Gott von seiner Seite aus den Menschen sucht und ihn an sich zieht.

In dieser Zeit des Zagens und Fragens, des Harrens und Hoffens, treten verschiedene Propheten auf. Wir kennen die Welle des New-Age, des Wassermann-Zeitalters, wo man eine goldene Zukunft kommen sieht und hofft gegen alle Hoffnung. Wir kennen das monumentale Werk von E. Bloch, Prinzip Hoff-

---

[7] Weiter ausgeführt und mit Literaturangaben in: W. Bühlmann, Leben-Sterben-Leben, Graz 1985, 11-25.

nung (1959), worin ausgeführt wird, daß Hoffnungslosigkeit und Überdruß am Leben nicht das letzte Wort haben dürfen, daß der Mensch einen Hoffnungs-Schock brauche, denn er könne ohne Hoffnung nicht leben. Angst verengt, Hoffnung weitet. Schon immer hätten die Menschen von einem besseren Leben geträumt. Kein Mensch wanderte je über die Welt ohne Tagträume, ohne Zukunftsbilder, ohne Utopien. Das seien zwar illusorische Glücksträume über eine Welt, in der noch niemand war und nie jemand sein werde, aber man halte es ohne solche Illusionen nicht aus.

Mehr reale Hoffnung vermittelt Teilhard de Chardin mit seiner grandiosen Schau von der Kosmosphäre, der Biosphäre, der Noosphäre, der Christosphäre, von dieser Entwicklung vom unbelebten Kosmos, zum Leben, zum bewußten Leben im Menschen und schließlich zu Christus als dem Alpha und Omega der Geschichte. Diese Schau hat im Grunde schon der heilige Paulus vorgelegt, als er an die Römer schrieb: "Wir wissen, daß die gesamte Schöpfung bis zum heutigen Tag seufzt und in Geburtswehen liegt ... Sie wartet sehnsüchtig auf das Offenbarwerden der Kinder Gottes" (Röm 8,19-22).

Ich glaube, bei aller Entmythologisierung und Säkularisierung hat die Kirche — und Kirche meint hier nicht in erster Linie Pfarrer, Bischof, Papst, sondern meint uns alle — der Welt diese grundlegende und unerschütterliche Hoffnung zu verkünden, als Therapeut der Welt den Menschen diesen Schock echter, nicht illusorischer Hoffnung zu vermitteln. Man darf sich da nicht lähmen lassen von der Tatsache, daß in den letzten 15 Jahren die Zahl der regelmäßigen Gottesdienstbesucher in der BRD von 37% auf 25% der Katholiken gefallen ist. Nichts wäre falscher als diese Kirchendistanzierten, die Ausgewanderten einfach abzuschreiben und zu meinen, die Kirche hätte bei ihnen nichts mehr zu suchen. Diese fallen nicht ohne weiteres aus der Liebe Gottes heraus. Sie sind im allgemeinen nette Menschen, keineswegs Atheisten, aber sie wollen ihren eigenen Weg gehen. B. Stähelin sagt mit Recht:

"Das religiöseste, aber zugleich unkonfessionellste Zeitalter hat begonnen."

In der geschlossenen Volkskirche besaß man alle Antworten von klein auf, schon bevor man nur fragte — und mehr und mehr befriedigten die Antworten die Fragesteller nicht mehr. Jetzt werden jene aus der seßhaften Kirche Ausgewanderten zu religiösen Nomaden, die nun auf ihre Weise ihren Weg suchen und ihre Antworten erarbeiten. Dieses Nicht-schon-alles-Besitzen, sondern Es-selber-erobern-Müssen hat seinen eigenen Reiz. Es trägt etwas vom Abenteuerhaften, Pionierhaften, Heldenhaften an sich. Man schnuppert an allem, wandert im offenen Horizont der Welt, orientiert sich an allen Religionen, aber hält sich meistens doch noch für einen Christen nach dem Evangelium. Die Herder-Korrespondenz hat schon 1978 einen Bericht veröffentlicht, wonach katholische und evangelische Buchhandlungen für solche Nomaden in einem erstaunlichen Ausmaß attraktiv wirken. Von den 3 Millionen Stammkunden zählte man 800 000 Personen, also fas 1/3, und von den 3,7 Millionen Gelegenheitskunden 1,5 Millionen, also fast 1/2, die ohne kirchliche Bindung oder jedenfalls in einem distanzierten Verhältnis zur Kirche leben.

Solchen Menschen — und Ihre Gymnasiasten werden wohl bald mehrheitlich dazu gehören — muß man nicht viel religiöses Wissen eintrichtern. Man kann sich an "Kurzformeln des Glaubens" halten. Man soll ihnen, gemäß der "Hierarchie der Wahrheiten" (UR 11), vor allem Sinn und Freude schenken an den zwei zentralsten und letzten Wahrheiten, am Glauben an einen liebenden Gott und an mein und aller Menschen Angenommen-Sein bei ihm für immer, wie es Jesus gelehrt und vorgelebt hat.

Für solche Menschen wirkt Kirche als Institution, wie sie konkret erscheint, als bedeutungslos, geradezu abstoßend. Aber die Kirche erwacht in ihren Gewissen. 1922 begann R. Guardini sein Buch "Vom Sinn der Kirche" mit dem Satz: "Ein Prozeß von unabsehbarer Tragweite ist in Gang gesetzt: Die Kirche erwacht in den Seelen". Auf heutig übersetzt könnte man sagen: Die Kirche erwacht in den Gewissen. Die Mehrzahl von Christen praktiziert nicht mehr den "blinden Gehorsam". Als "Humanae vitae" herauskam, ging erstmals ein stiller Protest durch die Kirche. Noch behutsam, gleichsam mit vorgehaltener Hand, haben weite Kreise der Laien und des Klerus nicht mehr einfach das Gesetz, sondern ihr Gewissen als letzte Instanz betrachtet. Als über L. Boff das Bußschweigen verhängt wurde, ging erstmals ein lauter Protest durch die Kirche. Diese kritische Distanz zur Kirche-Institution ist eine vollendete Tatsache. Eine Erhebung brachte 1986 an den Tag, daß in der BRD nur noch 23% der Katholiken römische Erlasse als erheblich und verbindlich ansehen. Das Konzilsdekret "Dignitatis humanae" hat grundsätzlich die Gewissensfreiheit als Ausdruck der letzten menschlichen Würde anerkannt. Schon damals sagte K. Rahner, daß dies wohl das folgenreichste Dokument des Konzils sei. Die Entwicklung hat ihm recht gegeben.

Inzwischen hat sich die Säkularisierung mehr und mehr als eine Zeit der Verunsicherung und des Zerfalls vieler christlicher Werte erwiesen. Andererseits erkennen die Hellsehenden, daß wieder andere Werte und Formen entstehen, die Ausdruck gelebten und vertieften Glaubens bedeuten, ich meine die grundlegenden Anliegen der Christlichkeit, Mitmenschlichkeit, Menschenwürde, Menschenfreiheit, Umwelt, Solidarität mit den Armen, Lebensfreude[8].

Natürlich zeitigt die Gewissensfreiheit auch gefährliche Folgen, einen Libertinismus, der meint, man könne nun einfach alles tun; als Gegentrend den Integralismus, der wissen will, was gilt und wieder absolute Autorität und Uniformität in der Kirche fordert; und als Auswirkung eine wachsende Polarisierung, indem sich beide Seiten aus ihrem Gewissen heraus auf ihre Positionen versteifen.

Trotzdem kann man die Entwicklung nicht mehr rückgängig

---

[8] Vgl. W. Kerber (Hrsg.), Säkularisierung und Wertewandel, München 1987.

machen. Man muß zur Gewissensfreiheit stehen, freilich auch bewußt machen, daß das mehr Selbstverantwortung voraussetzt als der blinde Gehorsam. Die Kirchenhierarchie, die durch das Charisma der Einheit ausgezeichnet sein soll, ist dringlichst herausgefordert, einen neuen Führungsstil zu entfalten, einen geschwisterlichen Führungsstil, der einzig noch Chance hat, anzukommen. Man kann Religion und Kirche heute nicht mehr aufdrängen, sondern nur noch anbieten und empfehlen.

Das wird sich schon im Religionsunterricht auswirken. Man darf da von den zwei Kirchenmodellen reden: Mater et magistra, die Kirche als Lehrerin, die vor allem um Orthodoxie und Kirchenrecht bekümmert ist, und die Kirche als Mutter, die vor allem dem Menschen in seiner Not helfen will. Beide Modelle sind gültig. Sie stehen zueinander in Spannung und relativieren sich gegenseitig, aber der Akzent wurde vom II. Vatikanischen Konzil eindeutig auf die pastorale Haltung gelegt, die aus den Prinzipien der Situationsethik und der Epikie auch pastorale Lösungen zuläßt und fordert, die für den konkreten Einzelfall oft angezeigter sind als das universal geltende Recht. Hier wäre dann Gehorsam gegen die Kirche nicht in erster Linie Gehorsam gegen die Hierarchie, sondern gegen die Kirche als Volk Gottes. In diesem neuen geschwisterlichen Führungsstil hätte dann die Hierarchie dafür zu sorgen, daß wir zuletzt nicht eine atomisierte Masse von individualistischen Christen vor uns haben, sondern doch noch eine Kirche als Gemeinschaft der Jüngerinnen und Jünger Jesu, als sichtbares Zeichen der Zuwendung Gottes zum Menschen in dieser Welt.

5. Eins für die eine Welt

Wenn wir die bisher besprochenen Situationen in ihrer ganzen Tragweite ernst nehmen, sind wir wohl bereit, daraus den Schluß zu ziehen, daß wir in einer kirchlichen Notstandssituation leben. Wenn es um Überleben oder Untergang der Menschheit geht, wenn 75% der Katholiken sich nicht mehr um die "Sonntagspflicht" und ebenso wenig um römische Erlasse und römisches Kirchenrecht kümmern, wenn Klerus und Klöster immer mehr überaltern, wenn die Jugend in einer ganz anderen Welt und Mentalität aufwächst, dann kann und darf man nicht weiter einfach nach den Verhaltensmustern der Volkskirche agieren und reagieren, dann kann und darf man das fixierte Kirchenrecht, das für Normalfälle in der ganzen Weltkirche gedacht und gemacht ist, nicht mehr als die unumgängliche Norm des Handelns betrachten.

In einer Notstandssituation oder im Kriegsrecht tut man Dinge, die man sonst nicht täte. Sehr viele Dinge werden belanglos, alles ist auf das sinnvolle Überleben hin konzentriert. Im letzten Weltkrieg betrachtete man z.B. in den Bunkern und in den Luftschutzräumen – längst bevor das Konzil von Ökumene sprach! – die konfessionellen Schranken als unerheblich und feierte gemeinsam Weihnachten und Ostern – so gut es ging.

Ich würde nun daraus folgern, daß man in dieser gegebenen kirchlichen Notstandssituation die Prinzipien, die grundsätzlich schon immer anerkannt, aber eng gedeutet waren, large interpretiert und auch praktisch mutig appliziert, z.B. das Prinzip "In extremis omnia communia": im Notfall darf man stehlen, darf man sogar töten, wobei das nicht mehr in die Kategorie des Stehlens oder Tötens, sondern der Notwehr fällt. Oder das Prinzip "supplet Ecclesia", daß selbst wegen Formfehlern ungültig gesetzte Sakramente durch die Kirche wirksam und rechtskräftig gemacht werden können. Oder und vor allem das Prinzip des Priestertums aller Gläubigen, das man in dieser Notstandssituation möglichst weit und nicht möglichst eng anwenden soll. Das will konkret heißen, daß auch Laien in der Liturgie predigen können, daß Laien, Ärzte, Psychotherapeuten, Lehrer im Gespräch mit Menschen in Not die Sünden vergeben können. Jesus sagt in Matthäus 16,18 zu Petrus: "Was *Du* binden und lösen wirst, wird im Himmel gebunden und gelöst sein", aber in 18,18 spricht er allen Jüngern und Jüngerinnen die gleiche Vollmacht zu: "Was *Ihr* binden und lösen werdet ..." Laien können viel mehr tun, zumal in dieser Notstandssituation, als das Kirchenrecht ausdrücklich vorsieht.

Ich weiß, daß solche Überlegungen vor allem den Priestern und Bischöfen vorgetragen werden müßten, denn die Laien haben wohl keine Hemmungen, sie anzunehmen. Man kann darauf antworten: Diese Vorträge werden in Buchform erscheinen, folglich werden dann die Bischöfe diese Gedanken zu lesen bekommen. Andererseits müssen die Laien, wie auch die Theologen und Ordensleute, nicht bloß warten, bis die Bischöfe entscheiden, nicht "bloß" den Bischöfen gehorchen. Wenn sie nur das täten, hätten wir bald eine sehr statische Kirche. Sie dürfen und sollen vorerst ihr je eigenes Charisma in der Kirche entfalten, in engagiertem Dialog dieses ihr Recht verteidigen und darnach leben, und dann zuallerletzt natürlich auch gehorchen.

Ich möchte nun aber diese Analyse der Notstandssituation vor allem wirksam machen im Blick auf die Zusammenarbeit mit allen Menschen guten Willens, damit die vier Weltprobleme nicht noch katastrophaler, sondern gemäßigter werden.

Es geht darum:

— innerkatholische Zusammenarbeit: Man wird die faktische Plurifomität in vielen Auffassungen und Praktiken nicht mehr uniformieren können. Man sollte aber deswegen die Polarisierung nicht noch verschärfen. Großzügige Toleranz muß heute Prinzip sein, gegenseitige Anerkennung und gemeinsame Planung und Aktion nach dem alten strategischen Grundsatz: Getrennt marschieren, vereint schlagen. Wir sind leider an vielen Orten noch nicht so weit. Ich denke, Sie leiden oft auch an der Tatsache, daß die 25% Kirchgänger das Pfarreileben noch weitgehend nach dem Modell der alten Volkskirche bestimmen, während Sie versuchen, die Jugendlichen neue Weg zu einer neuen Kirche zu führen. Das schafft lähmende Spannungen. In einem Frauenkloster, wo alle Schwestern über 60 Jahre alt sind, kann man nicht mehr hoffen, daß junge Menschen eintreten und sich da heimisch fühlen. Diesen muß man eine ganz neue Gemeinschaft anbieten. So auch in der Pfarrei. Aber wie immer, das Schlimmste wären kleinliche Streitereien wegen Dingen, die angesichts der Notstandssituation als Bagatellen zu taxieren sind.

— innerchristliche Zusammenarbeit: Natürlich sollte es mit der Zeit nicht nur zur immer engeren Zusammenarbeit, sondern zur Einheit mit den vielen christlichen Kirche kommen — Einheit immer verstanden in einer großzügigen Vielfalt von Traditionen und Niveaus der Glaubensentwicklung. Wenn schon die katholische Kirche im Lauf der Jahrhunderte ein großes Maß von Dogmen-Entwicklung durchgemacht hat; wenn schon unter den heutigen Katholiken sehr verschiedene Niveaus von Glauben festgestellt werden, so soll man auch von den verschiedenen Kirchen nicht erwarten, daß sie alle auf demselben Punkt stehen wie die katholische Kirche nach den marianischen Dogmen. Man soll die ökumenischen Impulse des Konzils vorwärts- und nicht rückwärts entwickeln. Das letztere ist leider geschehen z.B. mit dem Gedanken der Interkommunion. In "Unitatis redintegratio" (N. 8) lesen wir: "Die Bezeugung der Einheit verbietet in den meisten Fällen (also nicht absolut! W.B.) die Gottesdienstgemeinschaft, die Sorge um die Gnade empfiehlt sie indessen in manchen Fällen." Vom zweiten Teil dieses Satzes fehlt leider jede Spur im neuen Kirchenrecht und folglich auch in entsprechenden bischöflichen Schreiben (z.B. in der Schweiz im September 1986). Man engt die Interkommunion auf "Todesgefahr" oder "eine andere schwere Notlage" ein (CIC Can 847 § 4). Man geht also hinters Konzil zurück. Das ist nicht statthaft. Man müßte übrigens nicht bloß die Konzilstexte nehmen, wie sie damals abgeschlossen wurden, sondern über sie hinaus gehen. Die drei Jahre Konzil stellten ja einen eigentlichen Lernprozeß der Bischöfe dar. Hätte das Konzil länger gedauert — das Tridentinum dauerte, mit zwei langen Unterbrechungen, 18 Jahre! —, hätte es ohne Zweifel viele Gedanken noch weiter getrieben und auch neue Themen aufgegriffen. Man bleibt also dem Konzil nur treu, wenn man über es hinausgeht – immer in seiner Richtung!

Solange man die Einheit offiziell noch nicht erreicht hat, soll man wenigstens die Zusammenarbeit forcieren. Bereits gibt es in 35 Ländern umfassende "Christenräte", wo man nicht bloß Dialog pflegt zwischen der katholischen Bischofskonferenz und den anderen christlichen Gremien, sondern die katholische Kirche volles Mitglied des einen Christenrates ist, um gegenüber der Regierung und dem Volk in wichtigen Fragen eine Stimme zu haben, eine Kirche zu sein. Darf ich als Schweizer auch darauf hinweisen, daß das Fastenopfer der Schweizer Katholiken und die protestantische Aktion Brot für Brüder die theologisch-pastoralen Unterlagen gemeinsam erarbeiten und drucken und die gesamte öffentliche Werbung gemeinsam tun, und es bewährt sich. Eine Stimme sagte dazu: "Katholiken und Protestanten dürfen offiziell noch nicht gemeinsam zum Abendmahl treten. Aber im Teilen mit den Armen geht das Zusammengehen wunderbar. Die Probleme der Kirchen werden lächerlich klein, wenn man alles unter den Aspekt der Armen stellt." Prestige-Standpunkte sollten nicht mehr mitspielen dürfen. Es wäre schon vor 20 Jahren wünschenswert und wirksamer gewesen, wenn das wichtige Schreiben "Populorum progressio" gemeinsam vom Papst und vom Ökumenischen Rat der Kirchen herausgegeben worden wäre. Das meinte wohl auch der neue Vorsitzende der Katholischen Deutschen Bischofskonferenz, Karl Lehmann, wenn er nach seiner Wahl sagte: "Ich möchte erreichen, daß wir in vielen gesellschaftspolitischen Fragen ökumenisch an einem Strang ziehen." Man darf nun nur hoffen, daß die kommende "Weltversammlung der Christen für Frieden, Gerechtigkeit und Schutz der Umwelt" angesichts dieser riesigen Weltprobleme wirklich ein Zeugnis für die wachsende Einheit werde.
– innerreligiöse Zusammenarbeit: Nachdem wir die "Heiden, Götzendiener, Ungläubigen" nicht mehr so nennen, sondern gemäß einem Dokument von Rom 1984 "Glaubende anderer Religionen", ist es angezeigt, auch mit ihnen soweit als mög-

lich zusammenzuarbeiten für die gemeinsamen Anliegen. Es besteht bereits die "Weltkonferenz der Religionen für den Frieden", 1970 in Kyoto/Japan gegründet. Der Vatikan macht da offiziell nicht mit, sondern hat sein eigenes "Sekretariat für die Nichtchristen". Er müßte sich öffnen und nicht bloß "für die anderen" etwas tun, sondern "mit den anderen". Das Gebetstreffen in Assisi am 27. Oktober 1986 bleibt in guter Erinnerung, aber mit Vorbehalt. Man erlaubte da nur — um nicht von gewissen ängstlichen Gemütern des Synkretismus bezichtigt zu werden — "voreinander", aber nicht "miteinander" zu beten. In einem nächsten Treffen sollte man doch allen zumuten können, daß man gemeinsam z.B. das Vater unser der Christen, einen Psalm der Juden, die Eröffnungssure des Koran und eine Strophe aus der Bagavadgita bete, ohne dadurch die Religionen zu nivellieren, aber doch zum Ausdruck zu bringen, daß alle Menschen aller Religionen in der Huld und Liebe des einen und einzigen Gottes leben und auf dem Weg zum gemeinsamen Vater im Himmel stehen.

— innermenschliche Zusammenarbeit: Um der Notstandssituation nicht nur in der Kirche, sondern in der ganzen Welt gerecht zu werden und die Weltprobleme einigermaßen in den Griff zu bekommen, muß man auch bereit sein, nicht nur mit allen Glaubenden, sondern auch mit den Vertretern atheistischer Systeme zusammenzuarbeiten, wenigstens notgedrungen, vielleicht aber auch aus Überzeugung, weil selbst "Atheisten" Menschen bleiben und als solche ernst zu nehmen sind.

Wir erleben gegenwärtig fast ein kleines "Wunder", fast möchte ich es nennen einen "Staatsstreich des Heiligen Geistes". So etwas war damals geschehen, als der alte, kleine, dicke Papst Johannes XXIII., den man fast entschuldigend einen "Übergangspapst" nannte, ganz unerwartet das Konzil ankündigte und nachher wiederholt betonte, das sei eine "plötzliche Eingebung des Heiligen Geistes" gewesen. So etwas scheint heute, noch mit allen Vorbehalten, zu geschehen, wo Parteichef Michail Gorbatschow die "Glasnost" verkündet und sich alle Mühe gibt, das russische System zu erneuern, die russische Wirtschaft zu liberalisieren, die Einstellung zu Religion und politischem Dissens zu überprüfen, die Nuklearraketen auf beiden Seiten zu verschrotten. Kürzlich hat Gorbatschow in der Prawda einen Aufsatz veröffentlicht, worin er wirklich großartige Visionen zum Problem der internationalen Sicherheit entfaltete: Die Verschrottung der Mittelstreckenraketen sei nur ein Anfang, es müsse zum totalen Abbau aller Nuklearwaffen kommen. Mit dem so ersparten Geld könne und müsse man den Völkern der Dritten Welt zu einem menschenwürdigeren Leben verhelfen und die drängenden Aufgaben des Umweltschutzes weltweit in Angriff nehmen. Es gehe einfach darum, aus der absurden Sackgasse herauszukommen und die Normen des gesunden Menschenverstandes in den Rang der Politik zu erheben[9]. Natürlich bleiben hundert Wenn und Aber. Aber wer sich nur von Mißtrauen leiten läßt und nicht einsieht, daß es höchste Zeit ist, aus einer absurden Sackgasse zurückzukehren und auf einer neuen Basis des gegenseitigen Vertrauens und der gegenseitigen Kontrolle eine neue Zukunft aufzubauen, der ist ein Verbrecher an der Menschheit. Es wird sich in den nächsten Jahren erweisen, ob Michail Gorbatschow nicht die gesuchte überragende Persönlichkeit sei, die neue Visionen in die Welt setzt und ausgerechnet von Gott erwählt wurde — wie damals der "Hirte" und "Gesalbte" Cyrus (Jes 44,28 und 45,1) —, um die "Frommen" zu beschämen. (Diese Deutung wurde im September 1987 gemacht. Sie ist inzwischen wohl in starkem Maß bestätigt worden).

Wie immer, die Helden der Vergangenheit, deren Denkmäler in den Hauptstädten Europas stehen, "dienten ihrem Land", wie es oft auf dem Sockel heißt, indem sie andere Völker besiegten oder um die eigene Nation herum ein Kolonialreich aufbauten. Diese Helden der Nationalismen müßten jetzt abgelöst werden durch Helden der einen Menschheit, einen Johannes XXIII., der in der kurzen Zeit seines Pontifikates das Klima in Kirche und Welt veränderte, einen Mahatma Gandhi, der

---

[9] Vgl. Frankfurter Rundschau 24. Sept. 1987: der ganzseitige Aufsatz.

für die Einfachheit, den Frieden, die Gewaltlosigkeit wirkte, einen Alexander Fleming, der in zäher Laborarbeit Penizillin erfand und dadurch ungezählten Menschen das Leben rettete, einen Martin Luther King, der von der Versöhnung der Religionen und Rassen träumte.

Wir sind daran, die Etappe der verengt ausgelegten und praktizierten Idee vom Auserwählten Volk abzuschließen und zu erkennen, daß diese Zeitspanne von Abraham bis heute nur ungefähr 3500 Jahre dauerte, während die ganze Menschheitsgeschichte ungefähr eine Million Jahre umfaßt. Diese gesamte Zeit ist beschrieben in Genesis 1-11. Da steht 539 mal das Wort Adam=Mensch=Menschheit. Da machte Gott seine Geschichte mit der Menschheit. Da galt Gottes erste Liebe der ganzen Menschheit.

Es scheint, daß Gott heute zu seiner "ersten Liebe" zurückkehrt und unsere Sonderstellung als Christen darin sehen will, daß wir als erste, wichtigste und schönste Aufgabe "evangelisieren", der Welt die allumfassende, unbedingte, unbegreifliche, zuvorkommende Liebe Gottes verkünden und so den theologischen Rahmen schaffen für die eine Menschheit; als zweite und ebenso wichtige Aufgabe "schalomisieren", Schalom, Heil, Frieden, Gerechtigkeit, Entwicklung fördern, zusammen mit allen Menschen guten Willens; und als Drittes dann, wenn wir unser Lebenszeugnis abgelegt haben, auch zum Wortzeugnis übergehen und "christianisieren", Menschen, die sich um unser Tun und Leben interessieren, durch die Taufe zu Christen machen. Denn die Kirche hat ein legitimes Interesse, immer neue Jüngerinnen und Jünger zu gewinnen, um ihre wohltuende Aufgabe im Dienst der einen Menschheit bis zum Ende ausführen zu können.

Zum Schluß: Der Lateinamerikaner J.P. Miranda hat ein Buch geschrieben mit dem Titel "Marx gegen die Marxisten" (spanisch, englisch). Er legt darin dar, wie es Marx eigentlich gut mit dem Menschen meinte, wie er von den alttestamentlichen Propheten inspiriert war und wirklich an ein Reich der Gerechtigkeit für alle glaubte, wie er aber nun enttäuscht wäre zu sehen, daß seine Idee in das kommunistische Machtsystem ausartete. Ich spielte schon mit dem Gedanken, einmal ein Buch zu schreiben "Franziskus gegen die Franziskaner", aber auch "Christus gegen die Christen". Denn wir alle, Marxisten, Franziskaner, Christen, sind nie so, wie unsere Gründer uns haben wollten. Wir alle haben versagt und bedürfen beständiger Umkehr. Die Weltprobleme sind so schwer, weil die Menschen so schwerfällig sind.

Dem Christentum bleibt die Hauptaufgabe, die Menschen zu verändern. In dem Maß, wie das gelingt, wird man auch die Strukturen verändern können. Darum bleibt auch für den Religionsunterricht die Hauptaufgabe, nicht Wissen aufzustapeln, nicht Kirche und Welt zu kritisieren, sondern jungen Menschen Mut zu machen und den Weg zu zeigen, jetzt und später solche Christen zu sein, wie Christus sie haben wollte.

Adel Theodor Khoury

FRIEDEN, TOLERANZ UND UNIVERSALE SOLIDARITÄT IN DER SICHT DES ISLAMS

Die Führer der islamischen Welt sehen in der heutigen Renaissance des Islams nicht nur ein Wiedererwachen des religiösen Gefühls bei den Gläubigen, sondern auch die Grundlage für den Anspruch, der Islam habe eine bestimmende Rolle in Gesellschaft und Politik zu spielen und darüber hinaus einen universalen Auftrag zu erfüllen. Denn, so die religiöse Auffassung des Islams, die Menschen sind auf Gott, auf seine Offenbarung und seine praktische Rechtleitung angewiesen, um leben zu können. Nicht nur in dem Sinne, daß es Gott ist, der das Leben schenkt, bewahrt, sichert, fördert und auch wieder nimmt, sondern auch in dem Sinne, daß der Mensch von sich aus nicht fähig ist, die lebensspendende Wahrheit zu finden und anzunehmen und den rechten Weg zu finden und zu befolgen. "Wem Gott kein Licht verschafft, für den gibt es kein Licht", sagt der Koran (24,40), und: "Gott sagt die Wahrheit, und Er führt den (rechten) Weg" (33,4). So ist der Gehorsam der Heilsweg des Muslims. Wer diesen Weg geht, erreicht das Ziel, wohin Gott seine Gemeinde führen will, und erlangt die Barmherzigkeit des gütigen Gottes. Denn Gott hat seinen Willen kundgetan, um die Menschen rechtzuleiten. Das Gesetz des Korans, als Ausdruck des Willens Gottes, ist ein Licht, das Einsicht bringt und die rechte Urteilsbildung ermöglicht. Es ist die Grundlage der richtigen Entscheidung, die Richtschnur der praktischen Ausführung der getroffenen Entscheidungen und die Norm des Handelns auf allen Gebieten des Lebens. So ist der Koran für den gläubigen Muslim die letzte Instanz in Streitfragen; er liefert die Grundsätze der Rechtsprechung und die Richtlinien der schiedsrichterlichen Funktion des Islams.

Der Weg Gottes, wie er im Koran festgelegt ist, wird den gläubigen Muslimen durch den Propheten Muḥammad verkündet und verbindlich erklärt. Denn Muḥammad ist auch der beste und authentische Interpret der göttlichen Offenbarung. So gilt der Weg des Propheten *(Sunna)* als die zweite Hauptquelle des Islams und als eine verbindliche Grundlage des islamischen Gesetzes. Die Art und Weise, wie er inmitten seiner Gemeinde lebte und sie auf den Wegen Gottes führte, seine Sprüche, durch die er lobte oder tadelte, sein Schweigen, all das wurde nach seinem Tod durch verschiedene Gewährsmänner erzählt. Ihre Erzählungen und Berichte *(Ḥadīth)* wurden gesammelt und bilden seitdem die Grundlage der islamischen Überlieferung.

Selbstverständnis des Islams

Der Islam ist durch seinen dreifachen Anspruch gekennzeichnet: seinen Absolutheitsanspruch, seinen Totalitätsanspruch und seinen Universalanspruch.

1. Absolutheitsanspruch des Islams

Ausgehend von der koranischen Offenbarung und der prophetischen Tradition erhebt der Islam den Anspruch, die letztgültige Gestalt der Religion zu sein. Nach dem Judentum, das Mose im Tora-Gesetz verkündet und gestaltet hat, und nach dem Christentum, das im Evangelium Jesu Christi verankert ist, sei nun der Islam der endgültige Höhepunkt der Prophetengeschichte. Er stelle die reine Form der Religion dar, wie er sie von Abraham, dem Vater aller Gläubigen geerbt hat (vgl. Koran 3,68). Muḥammad sei "das Siegel der Propheten" (33, 40), und der Islam die einzig wahre Religion (Koran 3,19). Alle anderen Religionen haben damit ihre universale Geltung verloren. Nur für ihre jeweiligen Anhänger haben Judentum und Christentum noch eine relative Gültigkeit.

2. Totalitätsanspruch des Islams

Der Islam erhebt auch einen Totalitätsanspruch, d.h. er beansprucht, Gottes Recht in allen Bereichen des Lebens durchzusetzen, und zwar im Hinblick auf die einzelnen wie auf die Gemeinschaft und den Staat. So kennt der Islam keine Trennung von Religion und Staat, von Glaubensgemeinschaft und politischer Gesellschaft. Die islamische Gemeinschaft und auch alle Gemeinschaften, die im islamisch regierten Staat leben, stehen unter dem Gesetz Gottes und haben nach dessen Bestimmungen zu handeln. Gottes Recht dient als Richtschnur staatlicher Entscheidungen der Regierung, als Grundsatzung staatlicher Institutionen und als Maßstab zur Bestätigung der Autorität des Staates oder zur Verurteilung seiner Abweichungen bzw. seiner Willkür.

Das Gesetz Gottes, das im Koran grundgelegt ist und in der Sunna seine authentische Interpretation und vorbildliche Anwendung gefunden hat, ist das Grundgesetz des islamischen Staates. Legislative und Regierung haben sich daran zu halten und zu orientieren. Ihre Zuständigkeit und ihre Handlungsmöglichkeit besteht lediglich darin, Anwendungsgesetze zu verabschieden zur Regelung konkreter Anliegen, und zwar auch nur in den Fällen, für die der Koran und die Sunna nicht bereits konkrete Lösungen festgelegt haben. Desgleichen ist die Rechtsprechung an die Inhalte des Korans und der Sunna gebunden. Einen Ermessensraum hat der Richter nur dort, wo Koran und Sunna keine Aussagen enthalten.

Aufgrund dieser Bindung des politischen Lebens an das von Gott erlassene und von Muḥammad interpretierte und angewandte Gesetz wird der islamische Staat als Theokratie bezeichnet. Ziel dieser Theokratie ist, die Rechte Gottes zur Geltung zu bringen und die Rechte und Interessen der islamischen Gemeinschaft zu sichern. Der Staat hat auch die Aufgabe, von den Untertanen Gehorsam gegen das Gesetz Gottes zu fordern und die Bestimmungen dieses Gesetzes im praktischen Leben durchzusetzen. Den Regierenden ist dafür Autorität und Vollmacht verliehen, um die Herrschaft Gottes und die Vorherrschaft des Islams zu festigen und auszudehnen.

3. Universalanspruch des Islams

Der Anspruch des Islams, "die beste Gemeinschaft unter den Menschen" (Koran 3,110) hervorzubringen und den Gottesstaat auf Erden zu errichten, hat zur Gestaltung einer Lebensordnung geführt, in der Gottes Autorität konkrete Institutionen und konkrete Entscheidungen sanktioniert und die freie Initiative und die Gestaltungsfreiheit des Menschen stark einengt.

Darüber hinaus wirkt sich der Universalanspruch des Islams auf die Beziehungen des islamischen Staates zu anderen Staaten aus. Kraft dieses Anspruchs proklamiert der Islam seine Lebensordnung als universal gültig und als im Grundsatz verbindlich für alle Gemeinschaften und Staaten. So fühlt sich der Islam dazu aufgerufen, den Herrschaftsbereich des islamischen Staates auszudehnen, die Normen der islamischen Gesellschaftsordnung zu universaler Geltung zu bringen, die Institutionen der politischen Struktur des Islams überall in der Welt zu errichten und somit eine einheitliche Gesellschaft unter islamischem Gottesrecht zu bilden, die möglichst alle Menschen umgreift.

Dieser Universalanspruch wird heute im Zuge der islamischen Wiedererweckungsbewegung ausdrücklich proklamiert. Die traditionelle Maxime lautete ja: "Der Islam herrscht, er wird nicht beherrscht." Was diese Haltung für Folgen hat in bezug auf Frieden, Toleranz und universale Solidarität, soll im folgenden knapp ausgeführt werden.

Frieden oder "heiliger Krieg"?

Es gibt heute in der islamischen Welt Rechtsgelehrte und militante Gruppen, die sich den Bestimmungen des klassischen

Rechtssystems des Islams im Mittelalter verpflichtet fühlen. Es gibt aber auch muslimische Gelehrte und Persönlichkeiten des öffentlichen Lebens, die die Akzente neu setzen und auf Aspekte des Islams hinweisen, die im Koran ihren Ausdruck haben, die jedoch im Laufe der Zeit unter den damaligen historischen Gegebenheiten immer mehr übersehen wurden. Und gerade diese Aspekte der islamischen Botschaft würden den Friedenswillen des Islams unterstreichen.

1. Das klassische Rechtssystem und der "heilige Krieg"

1.1 Die Bestimmungen des *Korans* in bezug auf den "heiligen Krieg" stammen aus der Medina-Periode der Predigt Muḥammads, d.h. in der Zeit zwischen 622 und 632. Muḥammad nimmt gegenüber den Widersachern, die die Muslime mit ihrer Feindseligkeit verfolgen, ihnen den Zugang zu der heiligen Stätte zu Mekka verwehren und sonst keine Abmachungen mit ihnen respektieren, eine härtere Haltung ein. Nach einer Zeit, in der der Koran nur einen bedingten Defensivkrieg gegen die Feinde vorschrieb, erklärte er dann doch den totalen Krieg gegen die unerbittlichen Gegner der islamischen Gemeinde. Die Muslime, so der Koran, sollen in den Kampf ziehen und für ihr Leben (vgl. 8,30), für ihren Glauben (61,8) und für die Einheit ihrer Gemeinschaft (2,217) streiten. "Und kämpft gegen sie, bis es keine Verführung mehr gibt und bis die Religion gänzlich nur noch Gott gehört" (8,39; vgl. 2,193). Denjenigen, die durch ihre Beteiligung am Kampf ihre Glaubenstreue und ihren Gehorsam unter Beweis gestellt haben, wird der Lohn bei Gott verheißen (vgl. 4,74). Der Endzweck des Kampfes wird erst erreicht und der Friede wird erst dann einkehren und herrschen, wenn die Ungläubigen endlich den Islam annehmen (vgl. 48,16) und wenn der Islam den Sieg davon trägt (vgl. 9,33). Bis dahin gilt der totale Krieg: "Und kämpft gegen die Polytheisten allesamt, wie sie gegen euch allesamt kämpfen ..." (9,36). Auf diese Weise werden die Muslime die ihnen von ihren Feinden angetane Gewalt zurückschlagen und die

Bestrafung der Ungläubigen selbst vornehmen, so erfüllen sie ihre Pflicht, sich für die Rechte Gottes und für die Sicherung der Vorherrschaft des Islams einzusetzen. Dieser Einsatz ist von großer Bedeutung, denn er dient zugleich der Wahrung und Festigung der Einheit der islamischen Gemeinschaft und der Wahrung und Ausbreitung der islamischen Lebensordnung, sodaß am Ende nur noch eine Gemeinschaft in der Welt besteht, oder wenigstens der Islam allein die Oberhoheit über alle übrigen Religionen und Gemeinschaften erlangt (vgl. Koran 9,33; 61,9; 48,28).

Auf diesen koranischen Bestimmungen und Zielsetzungen beruhen die Angaben des islamischen Rechtssystems in der klassischen Zeit zum heiligen Krieg.

Dieses Rechtssystem kennt eine Aufteilung der Welt in zwei Gebiete: das Gebiet des Islams und das Gebiet des Krieges. Das Gebiet des Islams ist Gottes Staat, das Reich des Friedens, in dem das islamische Gesetz und die vom Islam festgelegte Gesellschaftsordnung und politische Struktur herrschen. Das Gebiet der Nicht-Muslime wird grundsätzlich als das Gebiet des Krieges bezeichnet. Darin herrscht das Gesetz der Ungläubigen und der Nicht-Muslime vor, das in einigen oder gar zahlreichen Punkten den Bestimmungen des göttlichen Gesetzes widerspricht. Die Muslime haben die Pflicht, ihr eigenes Gebiet gegen die Angriffe der Feinde zu verteidigen. Darüber hinaus haben sie sich aktiv einzusetzen, um auch im Gebiet der Nicht-Muslime dem Gesetz Gottes zum Sieg zu verhelfen und die Rechte Gottes zur Geltung zu bringen.

Wenn das islamische Gebiet sich gegen einen massiven Angriff verteidigen muß, um seine Existenz zu sichern, dann sind alle Muslime gerufen, zum Schutz ihres Gebiets zu kämpfen und sich so für die Sache Gottes einzusetzen. In weniger dramatischen Situationen geht man davon aus, daß die Pflicht zum heiligen Krieg dem Staat und der Gemeinschaft als solcher obliegt und daß dieser Pflicht Genüge getan wird, wenn an einem Ort, irgendwo in der Welt, Bemühungen um die Ausbreitung des Machtbereichs des Islams unternommen werden.

Diese Pflicht der Gemeinschaft ist eine ständige Pflicht. Der Einsatz für den Islam hört grundsätzlich erst dann auf, wenn alle Menschen den Glauben an Gott angenommen oder gar sich zum Islam bekehrt haben. Das Endziel des Kampfes "auf dem Weg Gottes", wie sich der Koran ausdrückt (z.B. 2,190 usw.), wird erst erreicht, wenn auch das Gebiet der Feinde dem Gebiet des Islams angegliedert wird, wenn der Unglaube endgültig ausgerottet ist, wenn die Nicht-Muslime sich der Oberherrschaft des Islams unterworfen haben. Solange die alleinige Herrschaft des Islams nicht die ganze Welt umfaßt haben wird, bleibt der heilige Krieg ein Dauerzustand, und zwar ein solcher, der entweder durch militärische Aktionen oder wenigstens durch politische Versuche oder auf irgendeine Weise erfolgen muß.

1.2 Friedenszeiten

Was den Frieden betrifft, so ist er nach der Intention des islamischen Gesetzes der zu erreichende Endzustand der Auseinandersetzung zwischen dem islamischen Staat und den nichtmuslimischen Gemeinschaften. Denn der heilige Krieg wird geführt, damit die Menschen allesamt als Muslime oder wenigstans als tolerierte Enklaven von Schutzbefohlenen (Dhimmī) in den Grenzen und unter der Vorherrschaft des islamischen Staates in Frieden und Gottesfurcht leben können. Der Friede wird erst erreicht und gilt erst als endgültig, wenn die Grenzen des islamischen Staates bis an die Grenzen der Erde gelangen, wenn also nur noch ein Staat bestehen bleibt: der islamische Staat. Solange dieses Ziel nicht erreicht ist, lebt der islamische Gottesstaat in einem ständigen Konfliktzustand mit den nichtislamischen Staaten; seine Beziehungen zu den fremden Ländern bleiben die der legalen Auseinandersetzung. Dieser Zustand bedeutet jedoch nicht, daß der Islam sich in ständigem aktivem Kampf gegen die Nicht-Muslime befindet oder einen heiligen Dauerkrieg gegen die fremden Völker führen muß. Das bedeutet auch nicht, daß der islamische Staat keine Beziehungen irgendwelcher Art mit ihnen unterhalten darf. Verträge und Abkommen dürfen geschlossen, Vereinbarungen getroffen und kulturelle und wirtschaftliche Beziehungen aufgenommen und gepflegt werden. Aber diese Kontakte und Beziehungen beinhalten in der Einschätzung des klassischen Rechtssystems des Islams keineswegs die Anerkennung der Legitimität der fremden Staaten. Mit der Aufnahme solcher Beziehungen wird lediglich die Tatsache anerkannt, daß auch in den nicht-islamischen Staaten, solange sie bestehen, eine gewisse Autorität und eine gewisse soziale und politische Ordnung notwendig sind. So ist man bereit, die bestehende Obrigkeit und die herrschende Gesellschaftsordnung sowie die staatlichen Institutionen zur Kenntnis zu nehmen und mit der jeweiligen Regierung im Interesse der Muslime in Kontakt zu treten und vorübergehend friedliche Beziehungen zu vereinbaren.

Diese friedlichen Beziehungen heben aber die grundsätzliche Aufteilung der Welt in ein "Gebiet des Islams" und ein "Gebiet des Krieges" nicht auf. Für die Dauer der Friedenszeit bezeichnen Rechtsgelehrte das Gebiet des Krieges als "Gebiet des Friedens" oder "Gebiet des Vertrags". Betont wird jedoch, daß die Zulässigkeit ausgehandelter Verträge und vereinbarter Friedenszeiten nicht die Gleichstellung nicht-islamischer Länder mit dem islamischen Staat bedeutet. Vorübergehende und befristete Friedenszeiten sind nur eine Pause auf dem Weg zur Islamisierung der ganzen Welt. Dieses Ziel ist zwar schwer zu erreichen und muß in der Alltagspraxis ein frommer Wunsch bleiben, und man muß davon ausgehen, daß im Normalfall der "heilige Krieg" in seinem aktiven Ausdruck nur zu einer ruhenden, also nicht positiv betriebenen und erfüllten Pflicht wird. Aber die theoretische Zielsetzung bleibt bestehen und konfrontiert die Praxis immer wieder mit dem von Gott gewollten Idealzustand und Ziel.

Man kann die Vorstellungen des islamischen Rechtssystems der klassischen Zeit in bezug auf den "heiligen Krieg" und die heute noch, bzw. wieder von militanten Gruppen in der islamischen Welt vertretene Lehre wie folgt zusammenfassen:

Friede ist der Zustand innerer Ordnung des Staates, wenn dieser nach den Gesetzen Gottes regiert wird und Ungläubigen, Abtrünnigen, Aufständischen und ähnlichen existenzgefährdenden Gruppen keinen Freiraum gibt, sondern sie ausrottet oder bekehrt. Nach außen hin bedeutet Frieden den Endzustand, der nach der siegreichen Bekämpfung und Niederwerfung der nicht-muslimischen Gemeinschaften erreicht wird, sodaß nur noch der islamische Staat besteht, in dem Nicht-Muslime, wenn sie nur Anhänger einer vom Islam anerkannten Offenbarungsreligion und Besitzer heiliger Schriften sind, den Rechtsstatus von Schutzbefohlenen des Islams haben. Damit erfüllt die politische Gemeinschaft der Muslime (*Umma* genannt) ihre Aufgabe, Trägerin und Wahrerin der Rechte Gottes und Hüterin der nach Maßgabe der Rechte Gottes festgesetzten Rechte der Menschen zu sein.

2. *Stimmen für den Frieden*[1]

Gegenüber dieser klassischen Position betonen andere Denker in der islamischen Welt die Priorität des Friedens, nicht nur als Endzustand, sondern als normalen Zustand der Beziehungen der Menschen und der Gemeinschaften zueinander.

2.1 Die Vertreter dieser Position verweisen gerne auf die Umdeutung der Pflicht zum heiligen Krieg, die bereits im Mittelalter stattgefunden hat. Theologen, geistliche Lehrer und sogar manche Rechtsgelehrte bezeichneten damals den Krieg als den "kleinen Einsatz". Der "große Einsatz" sei geistlicher Natur und bestehe in einer dreifachen Anstrengung: im Einsatz des Herzens, d.h. in der täglichen Bemühung um einen aufrichtigen Glauben und einen treueren Gehorsam; — im Einsatz der

---

[1] Dieser Abschnitt übernimmt die Ausführungen meines Beitrags: Islam: Frieden oder "heiliger Krieg"?, in: Friede — was ist das?, hrsg. A.Th. Khoury / P. Hünermann, Herderbücherei 1144, Freiburg 1984, S. 66-70.

Zunge, d.h. in der Ermunterung der Guten und der Zurechtweisung der Bösen; — endlich im Einsatz der Hand, d.h. im sozialen Dienst und in der sozialen Wohltätigkeit. Schließlich sei die friedliche Verkündigungs- und Missionstätigkeit ein vorzügliches Mittel, den Islam in der Welt zu verbreiten.

2.2 Aber auch die Theorie des heiligen Krieges selbst enthält Momente, die die Priorität des Friedens betonen. Auch inmitten der bewaffneten Auseinandersetzung sollen die Muslime bereit zur Versöhnung sein, sobald ihre Feinde mit ihrem gottlosen Treiben aufhören (Koran 2,193; 8,39). Der Koran macht deutlich, daß ihm der Friede als das eigentliche Ziel des Einsatzes für die Sache Gottes und seiner Religion erscheint: "Und wenn sie (= *die Feinde*) sich dem Frieden zuneigen, dann neige auch du dich ihm zu" (8,61).[2] Das Halten des Friedens ist geboten, wenn die Gegner von ihren Übergriffen ablassen und umkehren (5,34). "Wenn sie sich von euch fernhalten und nicht gegen euch kämpfen und euch Frieden anbieten, dann erlaubt euch Gott nicht, gegen sie vorzugehen" (4,90; vgl. 4,94). Der Friede ist zugleich die Chance der Nicht-Muslime und die Chance des Islams selbst. Denn es geht darum, Gottes Botschaft zu Gehör zu bringen und lernwilligen und bekehrungsfähigen Feinden immer eine Möglichkeit bereitzuhalten, diese Botschaft zu hören, sich eventuell zu bekehren und in die volle Gemeinschaft der Muslime aufgenommen zu werden: "Und wenn einer von den Polytheisten dich um Schutz bittet, so gewähre ihm Schutz, bis er das Wort Gottes hört. Danach laß ihn den Ort erreichen, in dem er in Sicherheit ist ..." (9,6). — "Wenn sie umkehren, das Gebet verrichten und die Abgabe

---

[2] Die Koranstellen werden hier und in den übrigen Abschnitten dieses Beitrags nach meiner Koranübersetzung zitiert: Der Koran. Übersetzung von Adel Theodor Khoury, unter Mitwirkung von Muhammad Salim Abdullah, GTB Sachbuch 783, Gütersloher Verlagshaus Gerd Mohn, Gütersloh 1987.

entrichten, dann sind sie eure Brüder in der Religion" (9,11; vgl. 9,5).

2.3 Die Vertreter dieser Position betonen, daß es zwar Umstände geben kann, die die bewaffnete Auseinandersetzung zu einem legitimen Krieg der Muslime machen können. Gründe, die die Muslime zur Führung eines gerechten Krieges ermächtigen, sind folgende: Zurückweisung feindlicher Angriffe (defensiver Krieg), gleich ob diese Feindseligkeiten sich in einem Feldzug (vgl. Koran 2,190), in der Mißachtung vertraglicher Vereinbarungen (vgl. 9,12) oder in der Planung eines Angriffes gegen die Muslime äußern. In diesem letzten Falle dürfen die Muslime ihren Feinden zuvorkommen und ihnen mit einem Präventivschlag begegnen.

Über den Verteidigungskrieg hinaus dürfen die Muslime eingreifen, um zu verhindern, daß ihre Glaubensbrüder in fremden Ländern verfolgt, unterdrückt oder gar verführt werden (vgl. Koran 2,193; 8,39; 4,75). Auch dürfen die Muslime sich dafür einsetzen, daß die Verkündigungsarbeit des Islams sich ungehindert entfalten kann.

Aber, und da erscheint die neue Akzentsetzung, Eingreifen, Verteidigung, Präventivschlag und allgemein legitimer Krieg dürfen im Sinne des Korans nur "auf dem Weg Gottes" erfolgen, d.h. nicht zu Expansionszwecken, aus Rache oder in der Suche nach Kriegsbeute.

2.4 Eigentlich sollten die Muslime, so die Haltung derjenigen, die dem Frieden den Vorrang einräumen, sich heute an der Lehre des Korans orientieren, die in den mekkanischen Friedensperioden vorherrschte.
— In seinen Beziehungen zu den Polytheisten unter den Mekkanern war Muḥammad in diesen Perioden darauf bedacht, sich in keinen Streit hineinziehen zu lassen und jede Aggressivität zu meiden. Sein Aufruf, den Glauben anzunehmen, appelliert an die Selbstverantwortung der Menschen und an das richtige Verständnis ihrer eigenen Interessen. "Sprich: O ihr

Menschen, zu euch ist die Wahrheit von eurem Herrn gekommen. Wer der Rechtleitung folgt, folgt ihr zu seinem eigenen Vorteil. Und wer irregeht, geht irre zu seinem eigenen Schaden. Und ich bin nicht euer Sachwalter" (Koran 10,108).

Seine Sendung beinhaltet in dieser Zeit nicht die Aufgabe, die Menschen zur Rechenschaft über ihren Unglauben zu ziehen: Von dieser Haltung bezeugen eine Reihe von Koranversen, z.B. folgende: "Ihr habt eure Religion, und ich habe meine Religion" (109,6; vgl. 11,93.121). — Am Tag der Auferstehung "kommt mir mein Tun zu und euch euer Tun. Ihr seid unschuldig an dem, was ich tue; und ich bin unschuldig an dem, was ihr tut" (10,41; vgl. 26,216). — "Gott ist unser Herr und euer Herr. Wir haben unsere Werke, und ihr habt eure Werke (zu verantworten). Es gibt keinen Streitgrund zwischen uns und euch. Gott wird uns zusammenbringen. Und zu Ihm führt der Lebensweg" (42,15; vgl. 34,25).

Der Koran empfiehlt Muḥammad: "Nimm das Gute und Leichte*, gebiete das Rechte und wende dich von den Törichten ab" (7,199; vgl. 15,85; 43,89).

— Auch gegenüber Juden und Christen ist der Ton des Korans in dieser Periode friedvoll. Er versichert dem Verkünder Muḥammad: "Gott wird dich vor ihnen schützen ... Sprich: Was streitet ihr mit uns über Gott, wo Er unser Herr und euer Herr ist? Wir haben unsere Werke, und ihr habt eure Werke (zu verantworten)" (2,137.139). Auch hier soll Muḥammad Neid und Mißgunst mit Nachsicht, Verzeihung und Warten auf die Entscheidung Gottes beantworten (2,109).

— Muḥammad soll aber nicht immer die Diskussion mit den Nicht-Muslimen ausschlagen. Aber diese Diskussion soll sich nicht wie ein aggressiver Streit gestalten, sondern sie soll in erster Linie ein Aufruf zum Glauben sein: "Ruf zum Weg deines Herrn mit Weisheit und schöner Ermahnung, und streite mit ihnen auf die beste Art" (Koran 16,125). Für das Verhal-

---

* Oder: Nimm (als Abgabe) das Entbehrliche (vgl. 2,219); oder: Übe Nachsicht.

ten gegenüber streitsüchtigen Gegnern gibt der Koran einige Regeln. Die Muslime sollen sich nicht in eine Diskussion mit denen verwickeln lassen, die mit den Versen Gottes ihren Spott treiben wollen, bis sie ein anderes Thema ansprechen (6,68; 4,140). Sonst soll man sie stehen lassen (6,70). Wenn aber die Gegner die harte Diskussion suchen und die Wahrheit der islamischen Botschaft in Zweifel ziehen wollen, dann soll der Prophet Muḥammad solche unnützen Dispute vermeiden. Gott gehört die letzte Entscheidung über die Angelegenheiten der Menschen am Tag der allgemeinen Abrechnung (vgl. 22, 67-69). Gott allein gehört auch die Macht, die Menschen rechtzuleiten: "Willst du denn die Tauben hören lassen oder die Blinden und die, die sich in einem offenkundigen Irrtum befinden, rechtleiten?" (43,40). – "Du kannst nicht rechtleiten, wen du gern möchtest. Gott ist es, der rechtleitet, wen Er will ..." (28,56).

– In diese Periode fällt auch die Anerkennung des religiösen Pluralismus durch den Koran im Hinblick auf die Existenzberechtigung der Offenbarungsreligionen, d.h. hauptsächlich in bezug auf das Judentum und das Christentum. Zwar hat Gott, so die Aussage des Korans, seine verschiedenen Propheten mit derselben Grundbotschaft des monotheistischen Glaubens gesandt (vgl. 21,25; 3,84), aber er hat auch selbst bestimmt, daß die großen Gesandten: Mose, Jesus und zuletzt Muḥammad, Gesetze erlassen, die in manchen Punkten voneinander abweichen. Der Koran erkennt die Gültigkeit und die Heilswirksamkeit dieser verschiedenen religiösen Wege an: "Diejenigen, die glauben, und diejenigen, die Juden sind, und die Christen und die Ṣābier*, all die, die an Gott und den Jüngsten Tag glauben und Gutes tun, erhalten ihren Lohn bei ihrem Herrn, sie haben nichts zu befürchten, und sie werden nicht traurig sein" (2,62; vgl. 5,69). Die verschiedenen Gemeinschaften sollen also miteinander nicht über ihr jeweiliges Gesetz (22,67) streiten, sondern im Guten wetteifern: "Jeder hat eine Richtung, zu der er

---

* Wahrscheinlich eine Täufergemeinde wie die Mandäer.

sich wendet. So eilt zu den guten Dingen um die Wette ..."
(2,148; vgl. 5,48).

Die besondere Rolle der Muslime besteht nach dem Koran darin, als "einer in der Mitte stehenden Gemeinschaft ... Zeugen über die Menschen" zu sein (2,143; vgl. 22,78). Dies bedeutet jedoch nicht, daß alle Religionen gleichwertig sind, denn der Islam bleibt die alleinige wahre Religion (3,19), und es gilt weiterhin der Grundsatz: "Wer eine andere Religion als den Islam sucht, von dem wird es nicht angenommen werden" (3,85).

Daß aber die Anerkennung des praktisch nicht aufhebbaren religiösen Pluralismus nicht nur eine Erscheinung der früheren Perioden der koranischen Botschaft ist, bezeugt ihre Bestätigung durch die späten Verse des Korans selbst (5,43.44: Judentum; 5,46-47: Christentum; 5,48: Islam). An alle wendet sich der Koran mit den Worten: "Für jeden von euch haben Wir eine Richtung und einen Weg festgelegt. Und wenn Gott gewollt hätte, hätte Er euch zu einer einzigen Gemeinschaft gemacht. Doch will Er euch prüfen in dem, was Er euch hat zukommen lassen. So eilt zu den guten Dingen um die Wette ..." (5,48).

Am Ende dieser Ausführungen soll noch eine Stellungnahme des Kongresses der Islamischen Welt (Generalsekretariat in Karachi/Pakistan) aus den ersten Monaten des Jahres 1983 wiedergegeben werden. Der Kongreß betont darin "die wichtige Rolle der Erziehung bei den Bemühungen um die Verwirklichung des von allen Menschen ersehnten Weltfriedens ... Voraussetzung für die Schaffung einer dauerhaften Friedensordnung seien vor allem Verständigungsbereitschaft und Toleranz sowie Fähigkeit der Menschen und der Völker, sich gegenseitig zu respektieren und anzuerkennen. So gesehen erhalte die Erziehung 'eine internationale Dimension als Botschafter einer neuen und modernen Ethik, in deren Mitte freie, würdige und verantwortungsbewußte Menschen stehen als Angehörige von Völkern, die sich als gleichberechtigte Partner verstehen und die entschlossen sind, die Zukunft der Menschheit gemeinsam und solidarisch zu gestalten'. Eine auf diese Ziele ausgerichtete Erziehung kann nach Auffassung des Islamkongresses zur Erneuerung der menschlichen Werte führen und zur Überwindung des zerstörerischen Rivalitätsdenkens, von Mißtrauen und Diskriminierung durch ein Klima des Vertrauens, der Zusammenarbeit und der Brüderlichkeit."[3]

Islam und Tolerenz

Die Frage nach Toleranz ist die Frage nach der jeweiligen Staatsstruktur und nach dem Rechtsstatus, der den Minderheiten in diesem Staat zugestanden wird. Die Haltung des islamischen Staates diesbezüglich ist mit seinem klassischen Rechtssystem eng verbunden. Dieses System geht von einer einheitlichen Gesellschaft aus, der Gesellschaft der Muslime, welche ihre Beziehungen zu den Minderheiten aufgrund von geschlossenen Verträgen regelt. Der Rechtsstatus der Minderheiten beruht hier auf einem Vertrag zwischen Eroberern und Unterworfenen, zwischen Siegern und Besiegten, einem Vertrag, der aus den Muslimen die eigentlichen vollen Bürger des Landes und aus den anderen nur "Schutzbefohlene" macht.[4]

Das Schutzabkommen beinhaltet hauptsächlich die Pflicht der Schutzbefohlenen, der islamischen Obrigkeit, die das Land nach islamischem Recht und Gesetz regiert, untertan zu sein, sich dem islamischen Staat gegenüber loyal zu verhalten und die vereinbarten Tribute und Abgaben, Eigentums- und Kopfsteuern, zu entrichten. Im Gegenzug dazu verpflichtet sich

---

[3] M.S. Abdullah, Deutsche Welle, Kirchenfunk / Nr. 22/13, 21. Mai 1983.

[4] Zur rechtlichen Stellung der Schutzbefohlenen vgl. Antoine Fattal, Le statut légal des non-musulmans en pays d'Islam, Beirut 1958; mein Buch: Toleranz im Islam, München/Mainz 1980; 2. Auflage: CIS-Verlag, Altenberge 1986.

der islamische Staat, das Leben der Schutzbefohlenen und die ihnen zugestandenen Rechte zu schützen.

Im folgenden sollen nun die wichtigsten Punkte angesprochen werden, die die rechtliche Stellung der Schutzbefohlenen, vornehmlich Christen und Juden, deutlich machen.

1. Die Religionsfreiheit

Zwar versteht sich der Islam als die letzte, endgültige Form der von Gott offenbarten Religion und daher als Fortsetzung und zugleich Überbietung und Aufhebung von Judentum und Christentum. Zwar verbietet der Islam unter Androhung der Todesstrafe den Abfall vom islamischen Glauben. Gleichwohl respektiert er die Gewissensfreiheit der Schutzbefohlenen und garantiert ihnen ihre Religionsfreiheit. "Es gibt keinen Zwang in der Religion", proklamiert der Koran (2,256). So dürfen die Schutzbefohlenen nicht dazu gezwungen werden, ihre eigene Religion zu verlassen und den Islam anzunehmen. Darüber hinaus beinhaltet die Religions- und Kultfreiheit der Schutzbefohlenen das Recht, ihre Kinder und ihre Glaubensgenossen in der eigenen Religion bzw. Konfession zu unterweisen. Auch steht ihnen das Recht zu, die Kulthandlungen ihrer Religion zu vollziehen. Der Staat erlegt ihnen jedoch die Einschränkung auf, die Zeremonien ihres Kultes nur innerhalb der Kultgebäude und in einer Weise zu vollziehen, die dem religiösen Empfinden und dem Überlegenheitsgefühl der Muslime nicht widerstrebt.

Die Bestimmungen in bezug auf die Kultgebäude selbst sehen folgende Regelung vor. Wo das Interesse der islamischen Gemeinschaft keine andere, entgegenkommende Maßnahme empfiehlt, wird den Schutzbefohlenen verboten, in größeren Ortschaften und in deren nahem Umland neue Kultgebäude zu errichten. Was die Renovierung und Restaurierung bestehender Kultgebäude und den Wiederaufbau zerfallener Kirchen und Synagogen betrifft, so wurde sie von den Gründern der großen Rechtsschulen erlaubt. Spätere Juristen treten für harte

Maßnahmen ein. Sie würden am liebsten jede Restaurierung bestehender Kirchen überhaupt nicht zulassen. Wo sich dies aber nicht durchsetzen läßt, stellen sie fest, daß die Instandsetzung der jüdischen bzw. christlichen Kultgebäude wie Synagogen, Kirchen, Klöster, Privatkapellen, Einsiedeleien nicht der Anlaß werden darf, den Altbau zu erweitern. Es darf nur der alte Zustand wiederhergestellt werden, und zwar ohne die kleinste Änderung.

2. Mischehen zwischen Schutzbefohlenen und Muslimen

Ein Schutzbefohlener darf keine muslimische Frau heiraten, denn im Verständnis der Rechtsgelehrten birgt eine solche Ehe die direkte Gefährdung des Glaubens der muslimischen Frau in sich. Eine solche Ehe, die irrtümlich zustande kommt, muß aufgelöst werden. Ein Schutzbefohlener, der im Wissen um die Rechtslage und das bestehende Verbot, dennoch eine muslimische Frau heiratet, muß bestraft werden.

Ein Schutzbefohlener darf auch nicht die Formalitäten für die Heirat einer muslimischen Frau erledigen, wäre diese auch seine Verwandte oder gar seine Schwester.

Ein Muslim darf eine freie Frau aus den Reihen der Leute des Buches, wie Juden und Christen im Koran bezeichnet werden, heiraten, so bestimmt es der Koran selbst (5,5). Ein Spruch des Propheten Muḥammad sagt jedoch von den Zarathustrianern: "Heiratet ihre Frauen nicht und eßt ihre Opfergaben nicht."[5] "Solche Ehen werden jedoch von den Rechtsgelehrten nicht empfohlen. Es sprächen viele Gründe dagegen. Z.B. darf die nicht-muslimische Frau Dinge tun, die für einen Muslim verboten sind: Sie darf die Kirche besuchen, Wein trinken, Schweinefleisch essen. Dadurch wird sie zu einem ständigen Herd der Verunreinigung für ihren Mann, mit dem sie lebt und Geschlechtsverkehr hat, und auch für ihre Kinder, die sie stillt bzw. ernährt, ganz abgesehen davon, daß sie für

---

[5] Vgl. Fattal, op. cit., S. 13, 133, ohne Quellenangaben.

die religiöse Erziehung der Kinder nicht geeignet ist. Sollte sie sogar aus dem Gebiet der Feinde stammen, dann besteht immer wieder die Gefahr, daß ihre Kinder dazu neigen, zu den Feinden überzulaufen oder zumindest ihre Bindungen an die islamische Gemeinschaft lascher gestalten.

Der eine Vorteil solcher Ehen besteht darin, daß die Frau sich eventuell veranlaßt fühlt, den Islam anzunehmen ...

Die Jüdin bzw. die Christin, die einen Muslim heiratet, genießt die Rechte einer muslimischen Frau.

Im übrigen genießt sie die Freiheiten, die ihr von ihrer Religion her zustehen. Eine Christin darf z.B. weiterhin alkoholische Getränke zu sich nehmen, Schweinefleisch essen und die Kirche zum Gebet besuchen, so die Lehre der Rechtsschulgründer Abū Ḥanīfa und Mālik. Die Schule der Shāfi'iten verbietet ihr das Essen von Schweinefleisch. Der Meister der Ḥanbaliten, Aḥmad ibn Ḥanbal, lehrt, daß ihr Mann ihr verbieten darf, die Kirche und den Gottesdienst zu besuchen."[6]

3. Prozeßrecht und Rechtsprechung

Die juristische Tradition des Islams stellt im allgemeinen fest, daß die jeweilige Religionsgemeinschaft innere Verwaltungsautonomie genießt und für die Rechtsprechung in den Anliegen ihrer Angehörigen zuständig ist. Dennoch bleibt die allgemeine Zuständigkeit der islamischen Richter bestehen. Die Fälle, die unter ihre ausschließliche Zuständigkeit fallen, sind die, bei denen die Parteien verschiedenen Konfessionen angehören. Auch in Streitsachen zwischen einem Muslim und einem Schutzbefohlenen und in strafrechtlichen Sachen, bei denen die staatliche Oberhoheit vorausgesetzt wird, ist der muslimische Richter die einzig zuständige Instanz. Endlich hat der muslimische Richter das Interesse des Staates und der islamischen Gemeinschaft in allen Fällen zu schützen, in denen die allgemeine Ordnung des Staates gestört oder gefährdet

---

[6] Aus meinem Buch: Toleranz im Islam, S. 155, 156.

wird. In all diesen Fällen hat der muslimische Richter immer nach den Bestimmungen des islamischen Gesetzes zu entscheiden. Denn nur das islamische Recht als Grundlage der staatlichen Gesetze gilt im gesamten Gebiet des Islams, während die Gesetze der jeweiligen Religionsgemeinschaften sich auf ihre eigenen Mitglieder beschränken.

Der muslimische Richter, der von sich aus tätig wird oder der in einer Sache angerufen wird, muß die streitenden Parteien, auch wenn ein Muslim im Streit mit einem Schutzbefohlenen liegt, gleich gerecht behandeln. Dennoch gilt das Zeugnis von Schutzbefohlenen als wenig aussagekräftig. Denn, so der Koran, "Wir erregten unter ihnen Feindschaft und Haß bis zum Tag der Auferstehung" (5,14), was den Wert ihres Zeugnisses mindert. Auf jeden Fall darf das Zeugnis von Schutzbefohlenen gegen einen Muslim nicht angenommen werden, es sei denn, die Umstände des Verfahrens und der Gegenstand des Streitfalles lassen es angezeigt erscheinen, eine andere Gewichtung vorzunehmen. Wenn z.B. ein Schutzbefohlener stirbt und einer seiner Söhne, der Muslim ist, gegen seinen Bruder, der Schutzbefohlener ist, behauptet, der Vater habe sich vor seinem Tod zum Islam bekehrt, so braucht das Zeugnis des Muslims hier nicht ohne weitere bestätigende Tatsachen gegen seinen Bruder zu gelten. Das islamische Recht bestimmt nämlich, daß nur ein Muslim einen Muslim beerben darf; dieser Umstand erweckt den berechtigten Verdacht, daß das Zeugnis des muslimischen Sohnes vom eigenen Interesse beeinflußt sein könnte.

In Strafsachen gilt oft eine Ungleichwertigkeit von Muslimen und Schutzbefohlenen. Am Beispiel der Strafe für Mord und Totschlag soll dies verdeutlicht werden. Der Koran schreibt im Fall des Tötens folgende Regelung vor: "O ihr, die ihr glaubt, vorgeschrieben ist euch bei Totschlag die Wiedervergeltung: der Freie für den Freien, der Sklave für den Sklaven, das Weib für das Weib. Wenn einem von seinem Bruder etwas nachgelassen wird, dann soll die Beitreibung *(des Blutgeldes)* auf rechtliche Weise und die Leistung an ihn auf gute

Weise erfolgen" (2,178). Angenommen, ein Muslim ermordet einen Schutzbefohlenen: In diesem Fall plädiert Abū Ḥanīfa für die Hinrichtung des Schuldigen. Die anderen Schulgründer meinen, daß der vorhin zitierte Koranvers hier keine Anwendung findet, denn Gerechtigkeit bedeutet die Gleichheit der beiden Parteien bei der Wiedervergeltung, was von einem Muslim und einem Schutzbefohlenen nicht behauptet werden kann.

4. Die wirtschaftliche Stellung der Schutzbefohlenen

Das islamische Rechtssystem garantiert den Schutzbefohlenen die Unverletzbarkeit ihres Eigentums und räumt ihnen die Freiheit ein, Handel zu treiben und unternehmerische Tätigkeiten zu entfalten.

Das Recht auf Eigentum wird durch die gleichen Sanktionen geschützt wie das Eigentumsrecht der Muslime selbst. Eigentum und Erwerbstätigkeit der Schutzbefohlenen werden nur dort Einschränkungen unterworfen, wo sie im Widerspruch zum islamischen Gesetz stehen. So dürfen Schutzbefohlene kein Exemplar des Korans besitzen, denn nur die Reinen dürfen den Koran berühren (vgl. Koran 56,79), und die Schutzbefohlenen gehören nicht immer eindeutig zu dieser Kategorie von Personen.

Ähnliche Einschränkungen sind vorgesehen bei der Ausübung kaufmännischer Tätigkeiten und Abwicklung von Handelsgeschäften.

In Verlängerung ihres Eigentumsrechts haben die Schutzbefohlenen die Möglichkeit, mit den Muslimen Geschäftsverträge zu schließen, deren Gültigkeit und Verbindlichkeit nicht angezweifelt werden.

Im Falle partnerschaftlicher Geschäftsbeziehungen zwischen einem Muslim und einem Schutzbefohlenen gehen die Rechtsgelehrten davon aus, daß der Muslim die Leitung des Betriebs übernimmt oder wenigstens an allen wichtigen Entscheidungen und praktischen Maßnahmen beteiligt wird.

Wenn aber der Schutzbefohlene die Geschäftsführung übernimmt, so erheben die Rechtsschulgründer Abū Ḥanīfa und Shāfi'ī keine Einwände dagegen. Sie raten jedoch davon ab, weil es nicht einfdeutig garantiert ist, daß der Schutzbefohlene mit dem Geld des Muslims nicht gegen das islamische Gesetz verstößt (z.B. Handel mit Wein, Schweinen; Zinsnehmen: vgl. Koran 30,39; 2,275.276.278-279; 3,130; 4,161). Gerade aus diesem Grund verbieten die anderen Rechtsschulen die Beteiligung eines Muslims an den Geschäften eines Schutzbefohlenen.

Die Rechtsgelehrten stellen auch fest, daß ein Muslim im allgemeinen die Dienste eines Schutzbefohlenen gegen Zahlung des entsprechenden Lohnes annehmen darf. Auch darf ein Schutzbefohlener die Dienste eines Muslims gegen Zahlung seines Lohnes beanspruchen. Die Gelehrten bezeichnen diese Arbeitsbeziehungen zwar als zulässig, aber nicht empfehlenswert.

5. *Rechtsstellung der Schutzbefohlenen im politischen Bereich*[7]

Die Ungleichheit der Bewohner des Landes aufgrund ihrer Religionszugehörigkeit tritt am deutlichsten im politischen Bereich zutage. Denn es geht hier um die Ausübung der Macht im Staat, und diese ist nach islamischem Recht ausschließlich den Muslimen vorbehalten. So sind sich die muslimischen Rechtsgelehrten darüber einig, daß der Zugang zu hohen Ämtern im Staat den Schutzbefohlenen verwehrt werden muß. Denn, so lauten ihre Argumente, der Koran verbietet es, die Nicht-Muslime, wenigstens in empfindlichen Bereichen des öffentlichen Lebens, zu Freunden zu nehmen und ihnen den Vorzug vor den Gläubigen zu geben (vgl. 3,28.118; 4,115.144; 60,1; 5,51.57). Auch betont er: "Gott wird nie den Ungläubi-

---

[7] Über die tatsächliche Beteiligung der Schutzbefohlenen an der Verwaltung des islamischen Staates in der Geschichte gibt A. Fattal, op. cit., S. 240-263, ausführliche Informationen.

gen eine Möglichkeit geben, gegen die Gläubigen vorzugehen" (4,141). Und nach der Überlieferung des Ḥadīth habe Muḥammad unterstrichen: "Der Islam herrscht und wird nicht beherrscht."[8] Der Zugang zu hohen Ämtern würde in Widerspruch stehen zur niedrigen Stellung im Staat, die den Schutzbefohlenen zukommt.

Zusammenfassend kann man feststellen, daß das klassische Rechtssystem des Islams die Bildung einer Gesellschaft mit zwei Klassen von Bürgern vorsieht. Die einen, die Muslime, sind die eigentlichen Bürger; die anderen werden toleriert, ihnen wird ein Lebensraum verschafft, aber ihre Rechte sind nur die, die ihnen der islamische Staat gewährt. Und diese gewährten Rechte gehen von einer grundsätzlichen Ungleichheit und Ungleichwertigkeit von Muslimen und Schutzbefohlenen aus. Muslime und Nicht-Muslime sind ja nicht gleichberechtigt im Staat, sie sind nicht alle Träger der gleichen Grundrechte und der gleichen Grundpflichten. Sie sind auch nicht grundsätzlich gleichgestellt vor dem Gesetz. Die Nicht-Muslime sind zwar in den Augen des Islams nicht recht- und schutzlos, sie werden nicht den Muslimen als freie Beute preisgegeben. Dennoch werden sie im eigenen Land als Bürger zweiter Klasse behandelt. Diese Mischung von Toleranz und Intoleranz, diese relative Integration der Nicht-Muslime im Staat und ihr Verweisen in einen Rechtsstatus von Fremden wird nicht nur in den spekulativen Ausführungen des islamischen Rechtssystems sanktioniert, sie fand immer wieder in der Praxis — wenn auch nicht mit derselben Strenge — ihren Niederschlag und machte die Lebensgeschichte der Schutzbefohlenen, Juden und Christen, unter dem Druck der islamischen Mehrheit oft und immer wieder zu einer Leidensgeschichte.

Es stellt sich also die Frage, ob es heute tragbar ist, einen Staat nach diesem Modell wiederzuerrichten. Erforderlich ist eher eine Struktur, die den Gemeinschaften und allen Bürgern ermöglicht, loyal zum gemeinsamen Land zu leben und den

---

[8] Bukhārī, Über die Begräbnisse.

unabweisbaren Anspruch zu erheben, in diesem ihrem Land als gleichberechtigte Bürger zu gelten und die gleichen Grundrechte und Grundpflichten zuerkannt zu bekommen. So kann verhindert werden, daß die einen den Staat für sich konfiszieren und die anderen zu Schutzbefohlenen deklassiert werden, welche dann dem Willen und Entgegenkommen, wie auch der Willkür und dem Gutdünken der Mehrheit ausgeliefert sind. Und so kann verhindert werden, daß die "nur tolerierten" Bewohner Angst haben müssen, eine Leidensgeschichte zu durchleben, die immer wieder hereinzubrechen droht.

"Vielleicht ist es doch nicht vermessen zu hoffen, daß der zeitgenössische Islam eine Gesellschafts- und Staatsstruktur findet, durch die er ohne Identitätsverlust seine wahre Rolle in der Welt erfüllen kann, als 'Zeuge für die Gerechtigkeit' (Koran 5,8) und als mitwirkender Faktor bei der Verwirklichung der universalen Solidarität der Menschen und bei der Herstellung einer Gesellschaftsordnung, in der alle Bürger vor dem Gesetz grundsätzlich gleichgestellt und im praktischen Leben gleichberechtigt sind, in der über eine geschenkte Toleranz hinaus die unverzichtbaren Menschenrechte für alle vorbehaltlos anerkannt werden."[9]

Islam und universale Solidarität

Aus den bisherigen Ausführungen ist leicht erkennbar, wie der Islam in Lehre und Praxis zur Frage nach der universalen Solidarität steht. Wenn der Glaube die Mitte des Islams, das Band der Einheit in der Gesellschaft und der wirksame Faktor der Zusammengehörigkeit der Gläubigen, endlich die Grundlage der politischen Vollwertigkeit der Muslime im Staat ist, dann gibt es eine Art abgestufter Solidarität mit den Menschen: eine volle Solidarität mit den Glaubensgenossen, eine Teil-Solidarität mit den Andersgläubigen, wie Juden und Chri-

---

[9] Aus meinem Buch: Toleranz im Islam, S. 185.

sten, die man als Teil-Gläubige/Teil-Ungläubige bezeichnen kann, endlich keine Solidarität mit den Ungläubigen.

1. Solidarität der Muslime untereinander

Die Solidarität der Muslime untereinander ist eine volle Solidarität; sie gründet auf der Feststellung und Verordnung des Korans: "Die Gläubigen sind ja Brüder" (49,10); – "Die Gläubigen Männer und Frauen sind untereinander Freunde" (9,71). Das Band ihrer Einheit, das Fundament ihrer Brüderlichkeit und die Grundlage ihrer Solidarität ist nicht mehr wie in früheren Zeiten die Blutsverwandtschaft und die gleiche Stammeszugehörigkeit, sondern der gemeinsame Glaube. Durch diesen gemeinsamen Glauben sind sie von Feinden zu Freunden, ja zu Brüdern geworden (3,103). Das will besagen, daß jenseits aller Nationalismen und aller verschiedenen Interessen der Gruppen, der Völker und der Staaten die Muslime sich zu einem Universalismus des Islams bekennen, der im Endeffekt für sie wichtiger als alle Partikularismen ist.

Im sozialen Bereich zeigt sich die Solidarität der Muslime darin, daß der Muslim den anderen, vor allem den Armen, das Recht einräumt, an seinem eigenen Vermögen Anteil zu erhalten und deswegen unter anderem die gesetzliche Abgabe entrichtet (vgl. Koran 70,24-25; 51,9). Aber auch persönlich sollen sich die Gläubigen um die Schwachen, um die Armen und Waisen kümmern, sie versorgen und ihnen Essen und jegliche Unterstützung geben (107,1-2; 89,17-19 usw.). Eher als die strenge Befolgung ritueller Vorschriften ist diese Zuwendung zu den Armen ein vorzügliches Zeichen der echten Frömmigkeit (2,177).

Solidarität und Brüderlichkeit empfehlen den Gläubigen: "Vergeßt die Großmut untereinander nicht" (2,237). Diese Großmut veranlaßt die Gläubigen, den verletzenden Spott zu meiden, selbst erlittene Verletzungen nicht nach strengem Recht zu vergelten, sondern zu vergeben. Denn auch wenn der Gläubige das Recht hat, Böses mit Bösem zu vergelten, besser bleibt auf jeden Fall das Verzeihen. Gott verzeiht dem, der selbst den anderen verzeiht (vgl. Koran 64,14; 24,22). Noch mehr, auch in Todesfällen, wo den Gläubigen zugestanden wird, den Mörder zu töten und Blutrache zu üben, empfiehlt der Koran, darauf zu verzichten und sich mit einer Wiedergutmachung in Form eines Blutgeldes zu begnügen (2,178). Die beste Form der Bereitschaft zur Versöhnung ist wohl, daß der Gläubige das Böse mit Gutem vergilt, denn damit kann er seinen Widersacher zu einem Freund machen (41,34; 23,96; 13,22).

Die brüderliche Solidarität der Muslime verpflichtet sie auch, zwischen streitenden Parteien Frieden zu stiften, notfalls durch die Niederkämpfung der Partei, die ungerechterweise die andere angreift und ihr Gewalt antut (49,9).

2. Keine Gemeinschaft mit den Ungläubigen

Die Ungläubigen gelten als Feinde Gottes und seines Gesandten, und auch als Feinde der Muslime im allgemeinen (vgl. Koran 60,1; 8,60). Mit ihnen sollen die Gläubigen keine Gemeinschaft haben.

Der Koran verbietet den Muslimen das zu essen, was ausgesprochen heidnisch ist, das Fleisch von Tieren, die unter Anrufung der Götzen geschlachtet wurden: Das sind vor allem die Opfertiere. Nur derjenige, der sich in einer Zwangslage befindet, darf davon essen (16,115; 6,145; 2,173; 5,3).

Die Ungläubigen dürfen auch nicht durch Heirat in die Familien der Muslime aufgenommen werden und zu Verwandten der Gläubigen werden: "Und heiratet nicht polytheistische Frauen, bis sie gläubig geworden sind. Wahrlich, eine gläubige Sklavin ist besser als eine polytheistische Frau, auch wenn sie euch gefallen sollte. Und laßt die Polytheisten nicht zur Heirat zu, bis sie gläubig geworden sind. Wahrlich, ein gläubiger Sklave ist besser als ein Polytheist, auch wenn er euch gefallen sollte. Jene rufen zum Feuer. Gott aber ruft zum Paradies und zur Vergebung mit seiner Erlaubnis ..." (2,221; vgl. 60,10).

Darüber hinaus sollen die Muslime die Interessen ihrer Gemeinschaft dadurch schützen, daß sie keine freundlichen Beziehungen zu den Ungläubigen unterhalten. Denn solche Beziehungen gefährden die Gläubigen, sie unterminieren ihre Geschlossenheit und untergraben ihre Kampfmoral. Der Zusammenhalt der Gläubigen und die Solidarität der Gemeindemitglieder sollen dadurch zum Ausdruck kommen, daß man seine Freundschaft eher den Gläubigen als den Ungläubigen anbietet (vgl. 3,28; 4,144). So zieht der Koran eine klare Trennungslinie zwischen den Muslimen und den Ungläubigen. Diese Trennung gilt auch in bezug auf Verwandte, die ungläubig sind (58,22; vgl. 9,23-24). So lautet der Befehl: "O ihr, die ihr glaubt, nehmt euch ... nicht die Ungläubigen zu Freunden" (5,57).

Gegen die Feinde Gottes und der Muslime gilt es zu kämpfen. Der "heilige Krieg" des Islams ist in erster Linie gegen sie gerichtet.

3. Teilgemeinschaft mit Juden und Christen

Die Juden und die Christen sind nach dem Koran Empfänger von Offenbarungsbüchern und deren göttlicher Botschaft, auch wenn sie sich nicht dazu entschließen, den Islam anzunehmen. Sie haben zwar keine volle Gemeinschaft mit den Muslimen, aber sie sind ihnen jedoch auch nicht ganz fremd. Deswegen schreibt der Koran vor, die Juden und die Christen nicht total auszuschließen, aber auch nicht total zu integrieren. Es kann keine volle Gemeinschaft zwischen den "Vollgläubigen (den Muslimen) und den "Teil-Ungläubigen" (Juden und Christen) geben. Da jedoch Juden und Christen auch "Teil-Gläubige" sind, dürfen die Muslime mit ihnen eine Teilgemeinschaft pflegen.

So erlaubt der Koran den Muslimen, von dem zu essen, was Juden und Christen zubereiten, und er erklärt für zulässig, sie am Essen der Muslime teilnehmen zu lassen. Auch erlaubt er, jüdische oder christliche Frauen zu heiraten:

5.5: "Heute sind euch die köstlichen Dinge erlaubt. Die Speise derer, denen das Buch zugekommen ist, ist euch erlaubt, und eure Speise ist ihnen erlaubt. (Erlaubt sind) auch die unter Schutz gestellten gläubigen Frauen und die unter Schutz gestellten Frauen aus den Reihen derer, denen vor euch das Buch zugekommen ist ..."[10]

Wie im Falle der Ungläubigen werden auch hier die vor allem politischen Interessen der islamischen Gemeinschaft dadurch geschützt, daß man die Juden und die Christen nicht ohne weiteres zu Freunden nimmt: "O ihr, die ihr glaubt, nehmt euch nicht die Juden und die Christen zu Freunden. Sie sind untereinander Freunde. Wer von euch sie zu Freunden nimmt, gehört zu ihnen ..." (5,51).

Der Koran warnt die Muslime vor allem vor der Freundschaft mit den Juden (58,14; 60,13). Denn diese "nehmen eure Religion zum Gegenstand von Spott und Spiel" (5,57; vgl. 5,58). Außerdem zeigen sie den Muslimen gegenüber keine Solidarität, sondern "nehmen die Ungläubigen zu Freunden" (5,80), und machen sie zu ihren Verbündeten. Zusammenfassend sagt der Koran dazu: 3,118-120: "O ihr, die ihr glaubt, nehmt euch keine Vertrauten unter denen, die nicht zu euch gehören. Sie werden euch kein Unheil ersparen. Sie möchten gern, ihr würdet in Bedrängnis geraten. Der Haß hat sich aus ihrem Munde kundgetan, und das, was ihre Brust verbirgt, ist schlimmer ...

Siehe, ihr liebt sie, sie aber lieben euch nicht ... Wenn sie allein sind, beißen sie sich gegen euch die Fingerspitzen vor Groll. Sprich: Sterbt an eurem Groll ...

Wenn euch Gutes widerfährt, tut es ihnen leid, und wenn euch Schlimmes trifft, freuen sie sich darüber. Wenn ihr euch geduldig und gottesfürchtig zeigt, wird ihre List euch nichts schaden. Gott umgreift, was sie tun."

Was die Christen anbelangt, so gibt ihnen der Koran den

---

[10] Zur Frage der Mischehe aus islamischer Sicht, siehe Ausführungen S. 66-67.

Vorzug vor den Juden. Er sieht in ihnen keine direkte Gefährdung der politischen Interessen der Muslime. Trotz aller Kritik an ihrer Lehre, betont er ihre größere Nähe zu den Muslimen:

5,82: "Du wirst sicher finden, daß unter den Menschen diejenigen, die den Gläubigen am stärksten Feindschaft zeigen, die Juden und die Polytheisten sind. Und du wirst sicher finden, daß unter ihnen diejenigen, die den Gläubigen in Liebe am nächsten stehen, die sind, welche sagen: 'Wir sind Christen.' ..."[11]

Aufgrund dieser und ähnlicher Aussagen im Koran sehen einige Muslime die Möglichkeit einer Solidarität, die nicht nur die Muslime, sondern auch die Christen umfaßt. Darüber hinaus befürworten sie eine praktische Zusammenarbeit zwischen Muslimen und Christen, wie dies in Erklärungen des Kongresses der Islamischen Welt ausdrücklich betont wird:

— August 1975: "Eine echte Partnerschaft zwischen Christentum und Islam, den beiden größten Weltreligionen, ist natürlich und gottgewollt. Daher ist eine enge Zusammenarbeit zwischen Christen und Muslimen im Interesse des Weltfriedens und einer gesicherten Zukunft der Menschheit dringend geboten. Der Islamische Weltkongreß ist der natürliche Partner für den aufkommenden Dialog."[12]

— Januar 1976: "Wir begrüßen jeden Schritt, der geeignet ist, das Gewebe der Mißverständnisse, das Christen und Muslime voneinander trennt, zu zerreißen. Wir sollten aber davon abkommen, uns gegenseitig zu bekämpfen und zu verunglimpfen, und uns stattdessen daran machen, den Atheisten und jenen, die den Glauben an geistige und moralische Werte verloren haben, Gott zu bezeugen. Dieses Bemühen sollte der zentrale Punkt unserer gemeinsamen Gespräche sein: daß wir unsere

---

[11] Zu den Beziehungen der islamischen Gemeinschaft zu den Juden und Christen, vgl. mein Buch: Toleranz im Islam, S. 43-53.

[12] In: Christen und Moslems in Deutschland, Essen 1977, S. 68.

Hände vereinigen zur Rettung der Menschheit vom reinen Materialismus und von der Unmoral."[13]

Viele Muslime (und auch einige Christen) gehen einen Schritt weiter und fordern, daß der Islam und das Christentum sich zu einer sogenannten "Heiligen Allianz" gegen die Ungläubigen und die Atheisten zusammenschließen.

Aber die Forderung nach der Bildung einer "Heiligen Allianz" ist nicht ohne soziale und politische Komplikationen und wird eher negative Auswirkungen haben. Christen und Muslime sollten sich zusammentun, nicht in erster Linie gegen jemanden zu kämpfen, sondern ihren eigenen Beitrag zur Lösung der Probleme der Menschen und zur Gestaltung einer humaneren Welt zu leisten. Muslime und Christen würden so im Rahmen ihrer für den Zweck der Zusammenarbeit ausreichenden Gemeinsamkeiten die Gelegenheit wahrnehmen, sich gegenseitig zu bestärken, die praktischen Folgen ihres Glaubens an Gott und an seinen Heilswillen zu ziehen zum Wohl der Gläubigen und zum Wohl aller Menschen. Sie würden so gemeinsam ihre Verantwortung tragen für unsere immer näher zusammenrückende Welt.

---

[13] Ebd., S. 68.

Literaturhinweise

Der Koran. Übersetzung von Adel Theodor Khoury. Unter Mitwirkung von Muhammad Salim Abdullah, GTB Sachbuch 783, Gütersloher Verlagshaus Gerd Mohn 1987.

Antoine Fattal, Le statut légal des non-musulmans en pays d'Islam, Beirut 1958.
Louis Gardet, La cité musulmane. Vie sociale et politique, Paris ²1961.
Majid Khadduri, War and peace in the law of Islam, Baltimore 1955, ²1979.
A.Th. Khoury, Einführung in die Grundlagen des Islams, Graz ²1981.
—, Begegnung mit dem Islam. Eine Einführung, Herderbücherei 815, Freiburg ³1986.
—, Toleranz im Islam, München/Mainz 1980; 2. Aufl., CIS-Verlag, Altenberge 1986.
—, Islamische Minderheiten in der Diaspora, München/Mainz 1985.
—, Islam: Frieden oder "heiliger Krieg"?, in: Frieden — was ist das?, hrsg. A.Th. Khoury/P. Hünermann, Herderbücherei 1144, Freiburg 1984.
Bernard Lewis, Die Juden in der islamischen Welt, München 1987.
Tilman Nagel, Staat und Glaubensgemeinschaft im Islam. Geschichte der politischen Ordnungsvorstellungen im Islam, 2 Bde., Zürich 1981.
Albrecht Noth, Heiliger Krieg und heiliger Kampf in Islam und Christentum, Bonn 1966.
—, Möglichkeiten und Grenzen islamischer Toleranz, in: Saeculum 29 (Freiburg/München 1978), S. 190-204.
Rudi Paret, Toleranz und Intoleranz im Islam, in: Saeculum 21 (Freiburg/München 1970), S. 344-365.
R. Steinweg (Hrsg.), Der gerechte Krieg: Christentum, Islam, Marxismus, Frankfurt/M. 1980.

Martin Kämpchen

DER HINDUISMUS ANGESICHTS DER WELTPROBLEME SCHUTZ DES FRIEDENS UND DER UMWELT

Ein Hindu-Mönch aus Kerala, Sādhu Mohan, fuhr Mitte dieses Jahres, als der indische Bundesstaat Punjab von einer Welle des Terrorismus heimgesucht wurde, in die Hauptstadt New Delhi, setzte sich auf einen öffentlichen Platz und begann zu fasten. An die Fußgänger verteilte er Flugblätter, die den Grund seines unbegrenzten Fastens erläuterten; darauf stand: "Lieber Freund, warum ist der Punjab Dein Problem? Gib acht, der Punjab ist eine Zeitbombe, die unter Dir tickt. Der Herr Politiker, dieser allmächtige Erlöser, scheint sie nicht entschärfen zu können. Du aber kannst sie entschärfen. Du allein kannst das. Denn, lieber Freund, die wirkliche Macht ist in Dir. Mein Fasten und Gebet ist ein schlichter Versuch, Dich dazu zu bewegen, Deine innewohnende moralische Macht auszuüben. Jetzt ist die Stunde für diese feierliche Tat gekommen, um Dich und Dein Land zu retten."

Zwei "Welten" scheinen sich gegenüber zu stehen. Auf der einen Seite der "Herr Politiker", also die Regierung mit ihrer Maschine von Bürokratie und Polizei. Auf der anderen Seite der Mönch, der auf seiner Matte unter einem Baum hockt und den Terrorismus durch die Macht des Geistes zu bewältigen hofft. Auf der einen Seite der kalkulierte Einsatz der Staatsgewalt, also körperlicher und materieller Kraft — auf der anderen Seite der ebenso kalkulierte Einsatz der geistigen und moralischen Kraft. Natürlich behauptet der Mönch nicht, er allein könne durch seine Geistesmacht eine Änderung bewirken; darum teilt er die Handzettel aus und ermahnt jeden, daß *er* verantwortlich für das Morden im Punjab sei — solange er nicht, wie der Mönch, seine "innewohnende moralische

Macht" einsetze. Praktischere Anweisungen gibt er nicht. Er hält es nicht für notwendig zu erklären, auf welche Weise diese innewohnende Macht sich auf den Punjab auswirken kann. Darauf angesprochen, würde er wahrscheinlich antworten: Diese innewohnende Macht wirkt sich "von selbst" aus, also ohne daß sie instrumental irgendwo im Punjab eingesetzt werden muß. Diese zwei "Welten" repräsentieren ziemlich genau die orthodoxe Anschauung des Hinduismus und die moderne Methode der Problembewältigung.

Wendung nach innen

Wie im Reflex antwortet der Hinduismus auf Weltprobleme, etwa auf den Terrorismus, mit einer Wendung nach innen. Im Innern des Menschen haben die Konflikte und Probleme, die äußerlich sichtbar sind, ihren tieferen Ursprung — und nur vom Innern des Menschen her können sie echt und bleibend gelöst (fast möchte man sagen "erlöst") werden. Diese Innenwendung ist Ausdruck einer spezifisch indischen, sich in den indischen Religionen manifestierenden Weltanschauung und Lebensweise. Problemlösungen im Hinduismus sind nur auf dem Hintergrund dieser Weltanschauung und Lebensweise denkbar.

Wir nähern uns der Erfassung dieser indischen Weltanschauung und Lebensweise, wenn wir uns zunächst bewußt werden, daß unsere Fragestellung, wie sich der Hinduismus angesichts der *Welt*probleme verhält, bereits europäisch-akademisch ist. Schärfer formuliert: Es ist für den Hindu keine eigentliche religiöse Fragestellung. Das Wort für "Welt" ist *samsāra*, oft auch mit "Ozean der Welt" wiedergegeben; diese "Welt" ist, verglichen mit der absoluten Wirklichkeit Gottes, unwirklich, vergänglich, sie ist trügerisch in ihren Behauptungen und vorgegebenen Werten. Wie leicht kann man, ihren Täuschungen anheimfallend, in diesem Ozean "ertrinken"! Das einzig Notwendige, sagt der Hindu, ist, diesen Ozean der Welt zu überqueren, um an das "andere Ufer" zu kommen, an das Ufer der

Unsterblichkeit. In einer solchen "Welt", die unwirklich ist, kann es keine wirklichen Probleme geben. Das eine Problem, das es zu lösen gilt, ist, dieser "Welt" zu entkommen, das heißt, Methoden zu entdecken, mit denen man schon während dieses Lebens (in dem man notgedrungen in der "Welt" ist und von ihr umgeben ist) so existiert, als lebe man nicht in der "Welt", sondern im Absoluten. Das ist das eigentliche Problem, und die für uns sehr realen Weltprobleme wie Gerechtigkeit unter den Menschen, Schutz der Natur, Wahrung des Friedens, soziale und wirtschaftliche Entwicklung werden im Hinduismus im Licht dieses Hauptproblems erfaßt.

Rāmakrishna und Vivekānanda

Zunächst umschreibe ich diese Weltanschauung und Lebensweise an einem Beispiel aus dem modernen Hinduismus. Srī Rāmakrishna (1836-1886) gilt als der bedeutendste Heilige des modernen Indien; für seine Verehrer ist er ein *avatāra*, eine "Herabkunft Gottes" auf der Erde. Er lebte an der Schwelle zum modernen Zeitalter; seine Erziehung und der Weg zu seiner religiösen Erfüllung gehören noch ganz zum orthodoxen Hinduismus; doch entwickelte sich Rāmakrishna weiter, trat in Beziehung mit Menschen, die britische Schulbildung genossen und westliche Philosophie gelesen hatten und von dem Gedanken an soziale Aktion, sowie von christlichem Ideengut begeistert waren. Rāmakrishna warnte in seinen Gesprächen vor einer hastigen, unreifen Übernahme solcher ausländischen, oft christlichen, Ideen und Praktiken. Unter Christen ist das Nachdenken darüber, wie ihre Religion die großen Weltprobleme zu lösen versucht, unmöglich, ohne die aktiv geübte Caritas ins Gespräch zu bringen. Zentral aus der Inspiration der christlichen Nächsten- und Schöpfungsliebe müssen wir unsere Probleme angehen. Es ist darum interessant zu hören, wie Rāmakrishna auf Gesprächspartner reagierte, die aus dieser aktiven Nächstenliebe handeln wollten.

Sri Rāmakrishna (zu Keshab und den anderen Bhaktas): Ihr sprecht davon, der Welt zu helfen. Ist die Welt so winzig? Und wer bist du, daß du der Welt helfen willst? Übe Sādhanā (geistliche Übungen) und erkenne Gott. Erreiche ihn. Gibt er dir geistige Kraft *(śakti)*, dann kannst du allen Gutes tun. Sonst nicht.
Ein Bhakta: Solange wir ihn nicht erreicht haben, sollen wir alle Tätigkeiten *(karma)* aufgeben?
Sri Rāmakrishna: Nein, warum alles aufgeben? Denkt an Gott, sprecht immer wieder seinen Namen aus, preist seine Taten in Liedern, erfüllt eure täglichen (weltlichen und rituellen) Pflichten *(nitya-karma)*, das alles müßt ihr tun.
Brahmo-Bhakta: Und unser Familienleben? Unser Berufsleben?
Sri Rāmakrishna: Ja, auch das müßt ihr weiterführen, tut gerade so viel, wie zum Lebensunterhalt notwendig ist. Doch betet zu Gott an einem einsamen Ort unter Tränen, daß ihr diese Pflichten selbstlos ausführen könnt. Und sagt: "*He* Gott, mache meine Arbeit *(karma)* in der Welt weniger, denn ich vergesse dich, Gott, wenn ich zuviel Arbeit tue. Ich bilde mir ein, ich arbeite selbstlos, doch wird selbstsüchtige Arbeit daraus." Wer allzu viele Almosen gibt und Arme speist, der wird vielleicht am Ende noch ruhmsüchtig.
Sambhu Mallik erzählte mir einmal, er wolle Krankenhäuser, Ärztepraxen, Schulen, Straßen bauen und Teiche ausheben lassen. Ich habe gesagt: Was vor deinen Augen an Arbeit anfällt, das kannst du nicht abweisen, doch mußt du das selbstlos tun. Aus eigenem Antrieb sollst du dir nicht zuviel Arbeit aufladen, sonst kannst du Gott vergessen. Einige besuchen den Tempel von Kālīghāt und geben nur Almosen, sodaß zuletzt keine Zeit bleibt, um Kālī zu sehen. (Gelächter) Auf jeden Fall müßt ihr euch zunächst zu Kālī durchdrängeln, danach könnt ihr so viele Almosen geben, wie ihr wollt. Wenn ihr wollt, gebt sehr viel. Alle Handlungen *(karma)* sollen Gott zum Ziel haben. Ich habe Sambhu Mallik gesagt, wenn Gott vor dir erschiene, würdest du ihm befehlen, wie viele Krankenhäuser und Ärztepraxen er bauen will? (Gelächter) Ein Bhakta wird niemals so sprechen. Sondern er wird sagen: "Mein Herr! Laß mich bei deinen Lotosfüßen wohnen, behalte mich immer bei dir, gib mir reine Bhakti (Liebe) zu deinen Lotosfüßen."[1]

---

[1] Sri Rāmakrishna – Setze Gott keine Grenzen. Gespräche des indi-

Und an einer anderen Stelle:

> *Ein Bhakta:* Die Engländer sagen immerzu: "Arbeite, sei aktiv!" Arbeiten ist doch nicht der Zweck des Lebens?
> *Srī Rāmakrishna:* Der Zweck des Lebens ist, Gott zu erreichen. Arbeit ist eine Vorstufe, sie kann nicht der Zweck des Lebens sein. Sogar selbstlose Tätigkeit *(niṣkām karma)* ist nur ein Hilfsmittel, nicht der Zweck.
> Sambhu hat gesagt: "Segnen Sie mich heute nur, daß ich mein Geld ehrlich und nützlich ausgebe – um Krankenhäuser, Apotheken, Straßen und Brunnen, das alles zu bauen." Ich habe gesagt: "Wenn du diese ganze Arbeit begierdelos tun könntest, wäre das gut, doch ist das sehr schwierig. Wie dem auch sei, vergiß nicht, der Zweck des Menschenlebens ist, Gott zu erreichen. Nicht, Krankenhäuser und Apotheken zu bauen! Stell dir vor, Gott tritt vor dich hin, und er sagt: 'Ich gewähre dir einen Wunsch.' Wirst du dann sagen: 'Baue mir so-und-soviele Krankenhäuser und Apotheken'? Oder wirst du sagen: *He* Gott, gib mir nur reine Bahkti zu deinen Lotosfüßen, und daß ich dich immerzu sehen kann.'? Krankenhäuser und Apotheken, das alles sind zeitliche Dinge." Allein auf Gott kommt es an, alles andere ist unwichtig. Wer ihn erreicht hat, der weiß: Er tut alles, wir tun nichts. Lohnt es sich also, ihn zu verlassen und sich in vielfältiger Arbeit zu verlieren? Wer ihn erreicht hat, kann, wenn es Gottes Wille ist, viele Krankenhäuser und Apotheken aufbauen. Darum sage ich: Arbeit *(karma)* ist eine vorläufige Sache. Arbeit ist nicht der Zweck des Lebens. Übe Sādhanā und schreite vorwärts. Wenn du immer weiter übst und weiter fortschreitest, wirst du schließlich einsehen, daß alles auf Gott ankommt, alles andere ist unwichtig; der Zweck des Lebens ist, Gott zu erreichen.[2]

In diesen Ratschlägen Rāmakrishnas an seine Schüler (Bhaktas) erfahren wir in beinahe jedem Satz diese Wendung nach innen. Die aktive Caritas wird nicht als solche abgelehnt. Sie wird in einen dialektischen Prozeß hineingenommen, dessen

---

schen Heiligen mit seinen Schülern. Ausgewählt, aus dem Bengalischen übersetzt und eingeleitet von Martin Kämpchen. Verlag Herder, Freiburg 1984, S. 64-66.

[2] a.a.O., S. 108f.

Hauptthese lautet: "Der Zweck des Lebens ist, Gott zu erreichen." Die kleinlauten Antithesen dazu sind: "Ich möchte mein Geld nützlich ausgeben. – Ich möchte den Menschen in ihrer Not helfen." Worauf die These sich mit den Worten behauptet: "Du kannst den Menschen nur helfen, wenn du selbstlos hilfst. Aber nur wer Gott erreicht hat, ist zur selbstlosen Hilfe fähig." Unausgesprochen dahinter steht der Satz: Die Einübung in die Selbstlosigkeit, das Streben nach der Schau Gottes dauert so lange, beinahe das ganze Leben, sodaß für die meisten kaum Zeit und Energie übrig bleibt, um den Menschen zu helfen. Es kommt also zu einer sehr schmalen Integration von Innenwendung zum Zweck der Gottsuche und der aktiven Caritas unter den Menschen.

Doch schon Rāmakrishnas bedeutendster Schüler, *Swāmī Vivekānanda,* redete eine andere Sprache. Ihm fiel die schwierige Aufgabe zu, eine Integration von altem hinduistischem Ideengut und modernen abendländischen Ansprüchen sowohl gegenüber seinem Publikum in Amerika und Europa, als auch gegenüber der Hindu-Bevölkerung in Indien darzustellen und zu rechtfertigen. Diese Integration ist ihm nicht voll gelungen. Seine Reden und Aufsätze haben eine kraftvolle, männliche Sprache, doch sind sie in der Gedankenführung häufig widersprüchlich, zerrissen, von einem ins andere Extrem fallend. Eine ungeheure Spannung liegt in seiner Sprache und seinen Gedanken: eben die Spannung einer mit großer Anstrengung versuchten Integration. Er selbst mag sie während seines kurzen Lebens ausgehalten haben. Doch seine Schüler, auch der Orden, den er im Namen seines Guru, Rāmakrishna, gründete, die Werke, die er inspirierte, sind längst nicht mehr von dieser integrativen Spannung gekennzeichnet.

Rāmakrishna sprach sich noch deutlich gegen Karma-Yoga, gegen den Yoga der Arbeit, mitsamt dem Ideal des selbstlosen Handelns *(niṣkāma karma),* aus. Er empfahl stattdessen Bhakti-Yoga, den Yoga der gefühlsbetonten, durch Gesang und Tanz bis zur Ekstase getriebenen Liebe zu Gott. Vivekānanda dagegen vertrat den Karma-Yoga. Hören wir selbst, wie er die traditionelle Wendung nach innen und die moderne Herausforderung, unter Menschen zu wirken, zu versöhnen suchte:

"Arbeite um der Arbeit willen. Es gibt einige Menschen, die sind wirklich das Salz der Erde in jedem Land, sie arbeiten um der Arbeit willen. Sie kümmern sich nicht um Anerkennung oder Ruhm, nicht einmal darum, ob sie in den Himmel kommen. Sie arbeiten einfach, weil dadurch Gutes geschieht."[3]

"Der ideale Mensch ist jener, der inmitten der größten Stille und Einsamkeit die angespannteste Arbeit verrichten kann, und der inmitten der angespanntesten Arbeit die Stille und Einsamkeit der Wüste entdeckt. Der hat das Geheimnis der Selbstbeherrschung gelernt. Dieser Mensch geht durch die Straßen einer großen Stadt mit all ihrem Verkehr, und sein Geist ist so ruhig, als wäre er in einer Berghöhle, in der ihn kein Laut erreicht; und er arbeitet angespannt die ganze Zeit. Das ist das Ideal des Karma-Yoga ..."[4]

"Arbeite, doch erlaube der Tätigkeit oder dem Denken nicht, einen tiefen Eindruck in dir zu machen. Laß die Wellen (der Tätigkeit und des Denkens) kommen und gehen. Machtvolle Tätigkeiten sollen von den Muskeln und dem Gehirn ausgehen, doch erlaube nicht, daß sie einen tiefen Eindruck auf die Seele machen ... Laß Dinge arbeiten; laß Gehirnzellen arbeiten; arbeite unentwegt, doch erlaube nicht, daß eine Welle dich überwältigt. Arbeite, als wärst du ein Fremder in diesem Land, ein Vorbeireisender; arbeite unentwegt, doch binde dich nicht (innerlich) ..."[5]

Wir sehen, während Rāmakrishna noch der Wendung nach innen den Vorrang gab und Tätigkeit in der Welt nur unter schwierigen und kaum erfüllbaren Bedingungen zugestand, gibt Vivekānanda der Wendung nach innen und der Tätigkeit unter den Menschen gleiche Bedeutung und gleichen Wert. Aktion und Kontemplation sind in gleicher Weise gut und notwendig. Er strebt aber nicht eigentlich Harmonie und Integration zwischen beiden an — wie etwa der Christ benediktinischer

---

[3] Swami Vivekananda: Karma-Yoga. In: The Complete Works of Swami Vivekananda. Bd. 1. Advaita Ashrama, Calcutta 1970, S. 32
[4] a.a.O., S. 34
[5] a.a.O., S. 56

Prägung, für den *ora* und *labora* zu einer Einheit zusammenwachsen. Vivekānanda verlangt (den soeben vorgelesenen Ausschnitten zufolge) eine Spaltung im Menschen: Er soll arbeiten, jedoch gleichzeitig ein Teil von ihm der Arbeit total abgewandt bleiben. Gleichzeitigkeit von Kontemplation und Aktion, aber keine gegenseitige Durchdringung. Allerdings weist Vivekānandas oft gebrauchter und auch heute von seinen Verehrern häufig wiederholter Ausspruch "*Work is worship* – Arbeit ist Gottesanbetung" in die Richtung einer Integration.

Neo-Hinduismus versus traditionelle Problemlösungen

Swāmī Vivekānandas vehemente Empfehlung der selbstlosen Arbeit zum Wohl aller Menschen hat in Indien Schule gemacht; sie ist Bestandteil des modernen Hinduismus geworden. Daß Vivekānanda, der über vier Jahre seines Lebns in Amerika und Europa verbracht hat, bei der Formulierung dieses Ideals stark vom abendländisch-christlichen Beispiel beeinflußt wurde, lassen selbst seine Schüler und Verehrer gelten. Der Neo-Hinduismus, von dem Vivekānanda einer der prägendsten Vertreter ist, hat das Wort *sevā*, "Dienst am Mitmenschen", gefunden, um die neue Haltung zur Mitwelt und ihren Problemen auszudrücken. Der Neo-Hinduismus hat dabei den alten Erlösungsweg des Karma-Yoga neu interpretiert. Im allgemeinen als "Yoga der Arbeit" übersetzt, umfaßt der Begriff "Arbeit" traditionell vor allem rituelle Feiern, sowie die anderen religiös-sozialen Pflichten, die dem Hindu speziell von seiner Kaste auferlegt sind. Karma-Yoga wurde erst durch Männer wie Vivekānanda, Mahātmā Gandhi, Srī Aurobindo als barmherziger Dienst an allen Mitmenschen uminterpretiert, wobei die Kastenzugehörigkeit der Mitmenschen belanglos wurde.

Im traditionellen System richten sich die helfenden Handlungen nur auf bestimmte Menschengruppen. Der Hindu schenkt traditionell dem Brahmanen zu dessen Lebensunterhalt Gaben *(dakṣiṇā)* für seine rituellen Dienste, er spendet Bettelmönchen *(sannyāsīs)* Almosen, er nimmt Gäste auf und bewirtet sie, vor allem, wenn sie Wallfahrer sind; ferner fühlt sich der Hindu traditionell gegenüber seiner Familie, der Kastengemeinschaft und eventuell noch gegenüber der Dorfgemeinschaft verpflichtet. Traditionell umfaßt die mitmenschliche Verantwortung diese genannten Menschengruppen. Hinzu kommt noch der eigene Guru und die Schüler und Schülerinnen des Guru. Eine umfassendere Verantwortung, nämlich für das gesamte Gemeinwesen, obliegt dem Herrscher, der Regierung. Der feudale Herrscher schenkte in gnadenvoller Herablassung, was den Untertanen noch an Notwendigem fehlte, und die Untertanen bemühten sich durch ehrliches, oder aber durch trickreiches Handeln, in der Gnade des Herrschers zu bleiben.

Wer in Indien lebt, weiß, wie stark beide traditionellen Problemlösungen — die Verantwortung für beschränkte Personenkreise und die feudale Beschenkung — noch in der Bevölkerung gültig sind. Für Familienangehörige ist der Inder zu weit größeren Opfern bereit als im allgemeinen wir christlichen Europäer. "Ehre Vater und Mutter", dieses jüdisch-christliche Gebot wird in Indien mit einer großen Konsequenz und Hingabe befolgt. Ein Sohn ist bereit, berufliche Einbußen zu erleiden, auf Reisen, Auslandsaufenthalte, Vergnügungen zu verzichten, um bei den Eltern zu leben, ihnen zu helfen, ihnen zu dienen. Wo in Deutschland wäre es etwa möglich, daß ein Sohn auf die Ehe verzichtet, einen großen Teil seines Verdienstes herschenkt, damit seine Schwester heiraten kann? Ein unverheirateter Mann kann eher im Leben bestehen, als eine alleinstehende Frau — denkt der Bruder und ermöglicht durch sein Lebensopfer das Glück der Schwester. Solche Beispiele der radikalen Opferbereitschaft zugunsten der Familie und der Verwandten erlebe ich häufig im indischen Alltag. Dieselben Menschen sind aber oft nicht bereit, einem Unbekannten, der um Hilfe bittet, Gehör zu schenken oder z.B. in ihrer Freizeit in einem Waisenhaus auszuhelfen.

In der feudalen Tradition kann der Herr dem Diener und Untergebenen mit Großzügigkeit und Güte alle seine und seiner Familie Bedüfnisse erfüllen: Er kann die Tochter des Dieners verheiraten, dem Diener ein kleines Haus zur Verfügung stellen, bei Krankheiten den Diener und dessen Familienmitglieder mit aller erdenklichen Sorgfalt pflegen lassen, so daß sich der Diener geborgen und angenommen, sogar geliebt fühlt. Und dieser "zahlt zurück" mit unbedingter Treue. Ein solches Herr-Diener-Verhältnis durchzieht bis heute das gesamte Gewebe der Gesellschaft von der Politik über die Industrie bis zum Erziehungswesen, wobei es jeweils unterschiedliche Färbungen annimmt. Zum Beispiel tauchen "Herr" und "Diener" wieder in der Beziehung vom älteren Bruder zum jüngeren Bruder oder vom Guru zum Jünger auf.

Vom Standpunkt der christlichen Caritas ist dazu anzumerken: Der Opferwilligkeit für begrenzte Personenkreise fehlt die allumfassende Liebe, die sich allen Menschen und der ganzen Schöpfung schenkt; die feudale Beziehung verewigt dagegen, bei allen positiven Gefühlen, die dabei geschaffen werden können, die Ungleichheit zwischen den Menschen: Der feudale Herr gibt im Bewußtsein seiner Überlegenheit, der Diener nimmt im Bewußtsein seiner Niedrigkeit.

Denkstrukturen im Umgang mit den Weltproblemen

Durch die Wendung nach innen entsteht eine *Auflösung der Phänomene,* eine Relativierung der objektiven Welt. Wir nannten bereits die bedrohliche, aufreizende Illusion von *Samsāra,* dem Welt-Ozean. Wer dessen Wellenberge und Wellentäler für fest und beständig hält und sich ihnen, sprich: der Welt der Phänomene, anvertraut, sinkt durch sie hindurch und ertrinkt. Die Phänomene sind nur zeitliche Gestaltungen des ewigen, absoluten Seins, dessen Sinnbild der — aus der Ferne betrachtet — unbewegte Ozean ist. Der Abendländer strebt zur Konkretisierung und Objektivierung, wobei er bereit ist, sich selbst in den Prozeß der Objektivierung einzubegreifen. Der Hindu ist umgekehrt bereit, sein eigenes Subjekt in den Abbau der Phänomene einzuschließen und letztlich verschwinden zu lassen.[6]

Auf der Wegstrecke des Subjekts hinweg von einer ernstgenommenen Beziehung zu den Phänomenen der Außen- und der psychischen Welt und hin zur Selbstauflösung des Subjekts im absoluten (eigenschaftlosen) Sein begegnen wir Haltungen und Handlungsweisen, die wir mit Begriffen umreißen wie Intuition, mystische Versenkung, idealistische Weltanschauung, reine (objektlose) Konzentration, reines Bewußtsein. Diese Begriffe signalisieren Schritte auf der Wanderschaft hin zur Auflösung der Welt und des Ich im absoluten, gegenstands- und ich-losen Sein.

Schon von seiner Wesensart und Erziehung her legt der Hindu weniger Wert auf seine Individualität. Auch heute wächst er meist noch in einer Großfamilie auf, in der eine Privatspäre für jeden einzelnen undenkbar ist. Der Inder ist niemals allein; er empfindet Alleinsein als unerträglich und meidet es. In Europa dagegen verlangen schon Kinder ihr eigenes Zimmer. Jean Gebser nennt dieses Bewußtsein "das Wir ohne Ich"[7]. Dieses Wir-Gefühl bestätigt sich in der Methode der hinduistischen Barmherzigkeit, die sich meist auf Menschengruppen richtet (Familie, Kaste, Dorf), von dem der Helfende ein Mitglied ist. Der Hindu identifiziert sich progressiv mit immer größeren Menschengruppen, zieht immer größere Kreise um sich, ist dank seiner Wir-Identifikationen dazu fähig, die Probleme der jeweiligen Menschengruppe zu erfassen, und ist bemüht, zur Lösung beizutragen. Das ideale Ziel ist die Identifikation mit dem Kosmos, ja mit dem Absoluten. Dort angekommen, ist die Entpersönlichung des identifizierenden Subjekts jedoch so weit fortgeschritten, daß es nicht mehr über den planvollen Willen verfügt, sich menschlichen Einzelpro-

---

[6] vgl. William S. Haas: Östliches und westliches Denken. Eine Kulturmorphologie. Rowohlt Verlag, Reinbek 1967, S. 154.
[7] Jean Gebser: Asienfibel. Zum Verständnis östlicher Wesensart. Ullstein Verlag, Frankfurt-Berlin 1962, S. 33.

blemen in ihrer Konkretheit zuzuwenden. Der Bettelmönch *(sannyāsī)* ist z.B. in der Harmonie mit dem Kosmos, mit allen belebten Wesen und unbelebten Dingen und erhebt sich mit Hilfe dieser Harmonie in die reine Transzendenz. Er lebt also im Bewußtsein des Wohlwollens gegenüber der ganzen Umwelt, er ist auch, wie die heiligen Männer und Frauen in allen Religionen, zu spontanen Handlungen der Barmherzigkeit fähig; doch wird ihm planvoll-konkretes Handeln unter Menschen meist fremd sein.

Auch die feudale Tradition des Helfens und Hilfe-Empfangens hat ihre Entsprechung im geistigen Bereich des Hinduismus. Ein unübersehbares Merkmal der Hindu-Spiritualität ist nämlich ihre *hierarchische Struktur*. Das beginnt mit der sozialen Organisation, nämlich dem Kastenwesen und dem System der vier Lebensphasen *(caturāśrama-dharma)*. Auch die Erlösungswege und Yogas sind in eine Vielzahl von Stufen unterteilt, die dem Hindu auf der Treppe zur Befreiung jeweils einen festen Platz anweisen. Der Hindu-Spiritualität sind dualistische Denkstrukturen, ja alle entweder-oder-Entscheidungen, fremd, die das abendländische Denken charakterisieren.[8] Statt in unvereinbaren Gegensätzen denkt der Hindu in Polaritäten; seine Entscheidungen haben die Struktur von sowohl-als auch. Während Gegensätze sich einander ausschließen, bedingen sich Pole einander; der Pol A reicht in seiner Gültigkeit, wenn auch in ständig abnehmender Gültigkeit, bis an Pol B heran. Dieses polare Denken ist die Kernstruktur für das hierarchische, gradualistische Denken, von dem die Rede gewesen ist. Hierarchie entsteht, wenn mehr als zwei Pole oder Seinsweisen miteinander versöhnt werden sollen. Diese sowohl-als auch-Struktur des Denkens und Empfindens hat es dem Hindu jahrtausendelang ermöglicht, paradoxe Situationen, einander widersprechende, unvereinbare Zustände, Zwiespälte und Ungereimtheiten im persönlichen Leben und in der Gesellschaft zu harmonisieren. Das heißt, er sieht keine Para-

---

[8] vgl. William S. Haas, a.a.O., S. 110ff.

doxien und Widersprüche, wo sie der Abendländer erkennt, der sich sogleich an ihnen wundreibt. Der Hindu kann es darum bis heute hinnehmen, daß archaische Frömmigkeit, magische Praktiken, Ahnenverehrung zusammen mit strenger monastischer Askese, hochentwickelter spekulativer Metaphysik und heroischer Spiritualität Seite an Seite existieren. Darum kommt es alltäglich vor, daß Naturwissenschaftler, Techniker, Industrielle, Lehrer eine Art "Doppelleben" führen: Sie werden den wissenschaftlichen und technokratischen Anforderungen ihres Berufes gerecht, handeln und denken aber parallel dazu auf vorwissenschaftliche und magische Weise: Sie reisen z.B. nicht an Donnerstagen, weil er als Unglückstag gilt; sie verheiraten ihre Kinder nach Angaben eines Astrologen, sie fürchten Gespenster und opfern an bestimmten Festtagen den Gottheiten Ziegen. Einen Widerspruch sehen sie dabei nicht.

Hier ist also auch der Grund zu suchen, warum der Hindu selten Dringlichkeit empfindet und Dynamik der Aktion entfaltet, wenn er mit den Weltproblemen konfrontiert wird. Soziale Gerechtigkeit, Frieden, soziale Entwicklung, Wohlstand für alle sind ihm, wie jedem rechtschaffenen Menschen ein Anliegen, aber keine absoluten Ziele; sie sind stattdessen in der sowohl-als auch-Mentalität, in das gradualistische Denken eingebaut. Armut und Not greifen den Hindu wie jeden Menschen seelisch an, doch sind für ihn ihre Gegenteile, Wohlstand und Glück, ebenso relativ und unvollkommen wie auch Armut und Not; Wohlstand und Glück sind allenfalls eine höhere Entwicklungsstufe zu einem entfernten Ziel.

Zwei Bemerkungen sollen dieses Thema abschließen. Erstens: Als sich der Hindu während seiner Kolonialgeschichte dazu veranlaßt fühlte, seine Religion und Philosophie mit der Religion und Philosophie des Westens zu vergleichen, begann er, seine Spiritualität gegenüber der des Westens zu exaltieren. Psychologisch war das wohl notwendig, um die politische und wirtschaftliche Beherrschung durch den Westen zu kompensieren und der westlichen Verachtung der indischen materiellen Unterentwicklung etwas entgegenzuhalten. Während der Westen Indien politisch und wirtschaftlich übertrumpfte, gelobte sich Indien, den Westen spirituell in seine Macht zu bringen.[9] Führend in dieser Projektion der Superiorität der "indischen Spiritualität" gegenüber dem "westlichen Materialismus" waren Swāmī Vivekānanda, Srī Aurobindo, Rabīndranāth Tagore und S. Rādhākrishnan. Bis heute ist dieser vereinfachte und unechte Gegensatz, zusammen mit der Emotionalität der Verachtung des Materialismus und der Glorifizierung der indischen Tradition, rhetorisch lebendig, und zwar sowohl unter indischen Intellektuellen, als auch unter vielen westlichen Indien-Freunden. Hand in Hand mit dieser Glorifizierung geht eine Rechtfertigung der indischen traditionellen Mittel und Methoden, die Probleme der indischen Gesellschaft, ja der Welt, zu lösen.

Zweitens: Sowohl Indien-Freunde im Westen wie auch viele gebildete Inder identifizieren sich mit idealistischen Strömungen der indischen Kultur bis zu einem solchen Grad, daß sie ihnen als d i e Kultur Indiens erscheint. Es soll aber nicht vergessen werden, daß neben dieser idealistischen Strömung eine realistisch-machtpolitische Strömung besteht, die im alten wie im modernen Indien das gesellschaftliche und politische Leben mitbestimmt. Beispielhaft sei das *Artha-Sāstra* des Kauṭilya genannt, das in vorchristlicher Zeit entstanden ist und zu den "größten Werken der politischen Weltliteratur"[10] gehört. Beachtlich ist sein sachliches, radikales Zweckdenken jenseits moralischer Normen. Wissenschaftler vergleichen das Artha-Sāstra mit Machiavellis "Principe". Es ist nicht übertrieben zu sagen, daß diese Strömung im heutigen sozio-politischen Leben Indiens auch noch lebendig ist, wenngleich vom demokratischen Regierungssystem in Kontrolle gehalten. Die beiden Strömungen der indischen Kultur berühren und vermischen

---

[9] vgl. Ursula King: Indian Spirituality and Western Materialism. Indian Social Institute, New Delhi 1985, S. 24

[10] Indien. Fischer Weltgeschichte Bd. 17. Hrsg. von Ainslie T. Embree und Friedrich Wilhelm. Fischer Verlag, Frankfurt 1967, S. 69.

sich in vielfacher Weise. Der Eruopäer tut gut daran, beide Strömungen zu beachten, damit ein gerechtes Indienbild entsteht.

Bewahrung der natürlichen Umwelt

Der *Atharva-Veda,* eine Sammlung heiliger Texte aus der frühen Phase des Hinduismus, enthält eine der schönsten Hymnen der vedischen Literatur, die "Hymne an die Erde" *(Bhūmi Sūkta).* Daraus zitiere ich einige Strophen:

> Hohe Wahrheit, unbeugsame Ordnung, Weihe,
> Askese und Gebet und heilige Riten
> erhalten die Erde; möge sie, die Herrin
> des Gewordenen und noch Werdenden, uns
> weiten Raum bereiten.

> Ungehindert inmitten der Menschen, erhält
> die Erde, beschmückt mit Höhen, Hängen und Ebenen,
> die Pflanzen und Kräuter verschiedener Heilkräfte;
> die Erde breite sich für uns aus, für uns gedeihe sie.

> Erde, auf der Ozean, Flüsse und alle Wasser sind,
> auf der Nahrung und die Ernte des Ackermanns entstanden,
> die alles, was atmet und sich regt, belebt,
> Erde, möge sie uns den ersten Trunk gewähren.

> Der Erde gehören die vier Himmelsrichtungen.
> Auf ihr wächst Nahrung, auf ihr müht sich der Ackermann.
> Sie trägt in vielfacher Weise, was atmet und sich regt.
> Erde, möge sie uns Vieh und Speise in Menge geben!

> Unendliche Erde, die die niemals schlafenden Götter
> allzeit mit nicht erlahmender Sorgfalt schützen,
> möge sie uns angenehmen Honig ausgießen,
> uns mit ihrem Glanz überschütten.

> Deine Hügel, o Erde, deine schneebedeckten Gipfel,
> deine Wälder, mögen sie uns Güte erweisen!
> auf der braunen, schwarzen, roten, allgestaltigen,
> festen Erde habe ich gestanden, nicht unterdrückt,
> nicht besiegt, unverletzt.

> Gewähre uns jene lebensspenden Kräfte,
> die, o Erde, tief aus deinem Körper kommen,
> aus der Mitte, aus deinem Nabel; reinige uns ganz.
> Die Erde ist die Mutter; ich bin der Sohn der Erde.
> Der Regen-Geber ist mein Vater; möge er uns segnen!
>
> Was ich von dir, o Erde, ausgrabe,
> das soll schnell zuheilen.
> O Reinigende, laß mich nicht deine empfindliche Stelle,
> nicht dein Herz durchbohren!
>
> Friedvoll und duftend, angenehm zu berühren,
> möge die Erde, geschwollen von Milch,
> mit überquellenden Brüsten, mir
> ihren Segen gewähren, zusammen mit ihrer Milch.[11]

Der vedische Inder verehrt die Erde als Mutter teils in Furcht, daß sie den Menschen ihre Gabe versage, teils in Dankbarkeit ob des Segens, den sie gewährt. Der Mensch ist ein Teil der Erde, mit ihrem Schicksal im Leben und Sterben verbunden. Der vedische Mensch bezeichnet sich als Sohn der Erde, aber auch als ihr Herr. Doch daraus leitet sich keine Beherrschung ab; die Erde wird dem Menschen nicht "untertan" gemacht. Erinnern wir uns an die feinfühlige Entschuldigung des ackernden Bauern, der fragt, ob er die Erde nicht zu tief aufgebohrt, ob er nicht ihr Herz durchbohrt habe.

Das Bewußtsein, daß die Natur dem Menschen ihren Segen gewähren muß, damit der Mensch Leben besitzt, ist bis heute in der ländlichen Bevölkerung Indiens tief eingewurzelt. Wer beobachtet, wie stark immer noch — trotz jahrzehntelanger Bemühungen der Technologie und der Bürokratie — der indische Bauer vom Bill und Unbill der Natur abhängt, kann diese Personifizierung der Erde verstehen. Nicht zufällig ist der Gott des Regens (Parjanya) in der zitierten Hymne als "Vater" der Menschen genannt. Die Menschensöhne hängen in gleicher Notwendigkeit von Mutter Erde und Vater Regen ab. Erreicht

---

[11] in Anlehnung an die Übersetzungen von Klaus Mylius und Raimundo Panikkar.

der Monsunregen die vorbereiteten Felder nicht frühzeitig, oder zieht er sich zu früh zurück, können die Reishalme nicht auswachsen, sie vergilben vor der Reife. Fällt zu viel Regen, verfault der Reis im Schlamm. Kommt ein Sturm oder ein Hagelschauer, sinken die Halme zu Boden und schütten womöglich ihre Körner auf die Felder aus. Bis zum letzten Tag weiß der indische Bauer nicht, ob er mit seinem Ochsenkarren die volle Ernte ins Dorf wird einfahren können.

Der vedische Inder hat die verschiedenen Teile der Natur personifiziert und dann deifiziert. Sie ehrten den Gott des Sturms und den Gott des Feuers, den Sonnengott und den Wassergott. Es entstanden sakrale Bereiche, sakrale Gegenstände und Zeiten, die von profanen abgesetzt wurden. Die Opferriten wurden das wichtigste Instrument der Sakralisierung und Erhaltung der sakralen Gehalte. Eine kosmische Ordnung *(ṛta)* wurde angenommen, in welcher der Mensch ebenso wie die Natur und die makrokosmischen Wirklichkeiten enthalten sind. Lebte der Mensch moralisch, sozial und rituell dieser kosmischen Ordnung gemäß, wurde er auch von ihr beschützt und "getragen". Stellte er sich aber außerhalb von ihr, hatte er die innere Dynamik des gesamten Kosmos gegen sich. Darum die Furcht der vedischen Inder vor Verstößen, ihre Sehnsucht nach Harmonie nicht nur mit sich selbst und mit der Gesellschaft, sondern auch mit dem Kosmos.

Während der Zeit der Upaniṣaden ist diese Sicht verinnerlicht worden. Das heißt, die äußere Natur verlor weitgehend ihren selbständigen Wert und ihre kompakte Wirklichkeit zugunsten einer Spiritualisierung oder "Beseelung" der Natur. Die Kernvorstellung vieler Upaniṣaden ist die Einheit (von Natur und Lebewesen). Einheit ist nicht in der konkreten Stofflichkeit der Natur und der Weltdinge erkennbar, sondern nur durch einen Prozeß der Vergeistigung und Abstraktion. So heißt es z.B. in der Īśa-Upaniṣad (Nr. 6):

Wer alle Lebewesen im (einen) Ātman sieht
und den Ātman in allen Lebewesen,
vor dem sucht sich das Eine nicht zu verbergen.[12]

Diese Vergeistigung und Abstraktion ist ambivalent. Einerseits werden viele Probleme einschließlich des Problems der Bewahrung der natürlichen Umwelt mitabstrahiert. Andererseits ist dem Bewußtsein der geistigen All-Einheit immer das Element der Sympathie für Natur und Lebewesen eigen. Ein Mensch, der keinen kategorischen Unterschied zwischen sich und der Außenwelt wahrnimmt, sich selbst als einen Teil einer All-Einheit empfindet, ist idealerweise ebenso tätig besorgt um jedes Lebewesen und jedes Ding wie um sein eigenes Wohl.

Wir haben noch nicht den eigentlichen Grund genannt, warum Naturbewahrung, Naturliebe im Hinduismus traditionell einen besonderen Platz einnimmt. Im Christentum haben allein die Menschen eine unsterbliche Seele, nicht die anderen Lebewesen. Das setzt die Menschen von dem Rest der Schöpfung ab, gibt ihnen das Recht zur Beherrschung, doch auch die Möglichkeit, sich der Natur barmherzig zuzuwenden, im Bewußtsein der eigenen uneinnehmbaren Überlegenheit. Der Hinduismus erkennt keinen grundsätzlichen Unterschied zwischen den Menschen und den Tieren und Pflanzen an. Alle Lebewesen sind mit einer Seele *(jīva)* begabt, und diese Seele ist letztlich göttlich. Auch im Hinduismus ist der Mensch die "Krone der Schöpfung" insofern, als nur ein Mensch mit der Intelligenz und dem moralischen und spirituellen Bewußtsein ausgestattet ist, durch die er die Erlösung oder Befreiung erreichen kann. Ein Tier oder ein Baum können nicht erlöst werden. Die ihnen innewohnende Seele muß zunächst von den niedrigen Formen des Lebens zu den höheren Formen wandern, um schließlich in einen Menschenkörper inkarniert zu werden. Es gibt also — wie im philosophischen und sozialen Bereich — in der Natur zwar Hierarchie, aber keine sich ausschließenden Gegensätze.

---

[12] Übersetzung von Bettina Bäumer; *ātman* = göttliche Seele in den Menschen und den anderen Lebewesen.

Die Lehre der Wiedergeburt macht es möglich, daß Menschen-, Tier- und Pflanzenwelt untereinander fließende Übergänge haben. Dazu gehört noch die Götterwelt, in die Menschen mit ungewöhnlich hohen Verdiensten erhoben werden können, in der sie verweilen, bis ihre Verdienste aufgebraucht sind; danach kehren sie in den Körper eines Menschen zurück.

Der *Jinismus* (Jainismus) hat sich das Extrem dieser Grundauffassung zu eigen gemacht, indem er nicht nur den Lebewesen Seelen zuschreibt, sondern grundsätzlich allen Dingen, auch der Erde, dem Wind, dem Wasser, dem Feuer. Daraus leitet der Jinismus seine Lehre der radikalen *ahiṁsā*, der radikalen Gewaltlosigkeit, ab. Der Mensch darf keine Seele, wo immer sie auch sei, stören und verletzen. Er soll sanft auftreten, um die Seelen in den Erdkrumen nicht zu drücken, er soll keine raschen Armbewegungen machen, um die Seelen der Luft nicht in Unordnung zu bringen, er soll grundsätzlich kein Lebewesen töten, auch keine Kleinsttiere und Bakterien, nicht einmal schädliches Ungeziefer. Die Verehrung des beseelten Lebens geht so weit, daß sich der Mensch im Grunde ständig gegenüber seiner Umwelt ins Unrecht setzt. Konsequent ist darum früher das Fasten bis zum Tod das höchste asketische Ideal gewesen. Jedenfalls kann hier nicht länger von Naturbewahrung und Umweltschutz die Rede sein, weil der Unterschied zwischen nützlich und zerstörerisch wegfällt, zwischen dem, was beschützt werden muß, und dem, was bekämpft werden muß, um eben diesen Schutz effektiv zu gewährleisten.

Der heutige Hinduismus kennt sowohl die sehr verinnerlichte Spiritualität der Upaniṣaden, wie auch die Symbolisierung und Sakralisierung der Natur und des Kosmos, die mit den Vedas anfing. So kennen gerade die einfachen Menschen in ihrem religiösen Alltag heilige Zeiten, heilige Bäume und Steine, heilige Flüsse, heilige Berge und eine Vielzahl heiliger Orte. Grundsätzlich steht alles der Sakralisierung offen.

Dieser selektiven Heiligung der Natur folgt jedoch selten eine Bewahrung der Natur und der Umwelt aus religiöser Ehrfurcht. Es gehört zu den Schwächen des modernen Hinduismus, daß er noch keine Antwort auf das Problem der Umweltzerstörung formuliert hat. Der Schritt von Heiligung und formal-ritueller Verehrung zu einer aktiven und umsichtigen Bewahrung ist nicht ohne weiteres in der Struktur des Hinduismus angelegt. Es ist jedenfalls ein Schritt, der heute noch kaum vollzogen wird.

Nennen wir nur ein Beispiel: Die Wälder Indiens schrumpfen rapide, nicht weil die Bäume durch sauren Regen absterben, sondern einmal, weil sie der Gier und Rücksichtslosigkeit großer Holzunternehmer, die oft illegal vorgehen, zum Opfer fallen, sodann allgemein, weil bei einer rapide wachsenden Bevölkerung der Bedarf an Holz ebenso rasch wächst. Vor zehn Jahren machte die Chipko-Bewegung in der Umgebung von Dehra Dun Schlagzeilen bis in deutsche Tageszeitungen hinein. Die Menschen in den Dörfern wandten sich vereint gegen die Holzfäller-Kolonnen der Großunternehmer: Sie umfaßten die Bäume, die zum Fällen bestimmt waren, und erlaubten es den Holzfällern nicht, an sie heranzukommen. Die Bewegung hatte letzten Endes geringen Erfolg. Das Bewußtsein, daß die Wälder geschützt werden müssen, daß Aufforstung eine dringliche Aufgabe ist, entspricht — wo es besteht — weniger der religiösen Naturverehrung als den deutlich sich anbahnenden ökologischen Katastrophen und den Prognosen der Wissenschaftler; kurz, es entstammt dem modernen ökologischen Verantwortungsgefühl, das sich zunächst im Westen entwickelt hat.

Schutz des Friedens

Das Wort "*ahiṃsā*" (Gewaltlosigkeit) ist im Westen weithin durch Mahātmā Gāndhī bekannt geworden. Er stellte die Geisteshaltung vollkommener Gewaltlosigkeit in Gedanken, Worten und Handlungen gegenüber Menschen und allen anderen Lebewesen als den Kern des Hinduismus dar. Für Mahātmā Gāndhī sind *ahiṃsā* und *satyāgraha* (Festhalten an der

Wahrheit) tatsächlich der Kern seines persönlichen hinduistischen Glaubens gewesen. Es wäre aber falsch, Gewaltlosigkeit und Friede ähnlich zentral in der gesamten Hindu-Tradition anzusiedeln.

Während der vedischen Zeit, also in vorchristlichen Jahrtausenden, machten die eingewanderten indogermanischen Völker vom Westen her Nordindien zu ihrem Siedlungsgebiet und unterwarfen sich die alteingesessenen Stämme. Es war keine friedliche Zeit, und die Hymnen der Rig-Veda vermitteln ein farbiges Bild von einem zu Krieg aufgelegten agrarischen Volk. Indra, der Kriegsgott, ist gleichzeitig der oberste Gott im vedischen Olymp. Kauṭilya, der das politische Denken dieser Zeit in dem *Artha-Sāstra* kodifizierte, bezeichnete darin "Friede" als einen Friedensvertrag zwischen zwei kriegsführenden Parteien; Friede ist "eigentlich nur als Kriegspause aus reinen kriegstaktischen Erwägungen, als Notlösung bei militärischer Unterlegenheit oder Gleichheit anzusehen"[13]. Friede gilt bei Kauṭilya nicht als ersehnter Endzustand, sondern als Atemholen bis zum nächsten Kampf.

In vedischer Zeit bildete sich das Kastenwesen aus; der zweithöchsten Hauptkaste *(Kṣatriya)* gehören die Könige, Adeligen und Krieger an. Sie erhalten die politische Ordnung aufrecht, sowohl gegenüber äußeren Angreifern wie inneren Unruhestiftern. Sie haben die Verwaltung in der Hand und verteilen die Macht und den Reichtum des Landes. Die höchste Kaste ist die der Priester (Brahmanen); sie feiern die Riten, erhalten dadurch *ṛta,* die heilige Ordnung des Kosmos, und tragen auf diese Weise entscheidend zum Kriegsglück und zum Frieden des Landes bei.

Ist auf staatspolitischer Ebene Friede wenig wünschenswert gewesen, so hat sich der vedische Mensch gewiß in seiner Familie, seinem Bauernhof und im persönlichen Leben nach einem

---

[13] Konrad Meisig: Hinduismus: Krieg und Frieden. In: Friede — was ist das? Die Antwort der Weltreligionen, Hrsg. von Adel Th. Khoury und Peter Hünermann. Verlag Herder, Freiburg 1984, S. 12.

häuslichen Frieden gesehnt. Darauf deuten viele schöne Hymnen der Vedas hin. Ebenso hatte man bereits begonnen, den Frieden im Innern des Menschen zu suchen. Der *śānti-mantra*, ein kurzes Friedensgebet, leitete alle vedischen Opferriten ein und schloß sie ab. Bis heute wird zum Abschluß einer *pūjā*, einer gebräuchlichen rituellen Feier, oder einer Rezitation aus den heiligen Schriften das *"Om śānti śānti śānti"* gesungen — der Friedenswunsch an die Menschen, die anderen Lebewesen, den Kosmos und die Götter im Himmel. Bekannt ist die wunderbare Friedenshymne aus der Atharva-Veda, aus denen ich drei Strophen zitiere:

> Friedvoll sei der Himmel, friedvoll die Erde,
> friedvoll sei der weite Raum dazwischen.
> Friedvoll seien für uns die fließenden Wasser,
> friedvoll die Pflanzen und Kräuter!
>
> Friedvoll seien für uns die Zeichen der Zukunft,
> friedvoll sei das Getane und das Ungetane,
> friedvoll sei für uns, was ist und was sein wird.
> Mögen alle uns gnädig sein!
>
> Friede der Erde und dem Luftraum!
> Friede dem Himmel, Friede den Wassern,
> Friede den Pflanzen und Friede den Bäumen!
> Mögen mir alle Götter Frieden gewähren!
> Durch diese Anrufung des Friedens möge sich Friede verbreiten!
> Durch diese Anrufung des Friedens möge Friede Friede bringen!
> Mit diesem Frieden beschwichtige ich das Schreckliche,
> mit diesem Frieden beschwichtige ich das Grausame,
> mit diesem Frieden beschwichtige ich das Böse,
> damit Friede vorherrsche, Glücklichkeit vorherrsche!
> Möge alles für uns friedvoll sein![14]

Als zur Zeit der Upaniṣaden eine Verinnerlichung einsetzte, suchte der Mensch Frieden durch die Befriedung der Sinne und die Vereinigung mit dem eigenen göttlichen Wesenskern, dem *ātman*. Die archetypischen Gestalten der Upaniṣaden-Zeit

---

[14] in Anlehnung an die Übersetzung von Raimundo Panikkar.

wurden der Asket, der Bettelmönch; zur Voraussetzung für den inneren Frieden wurde die Entsagung der äußeren Welt. Das Hauptaugenmerk liegt nun auf dem inneren Frieden, den der Asket für sich sucht und anderen predigt. Eine unmittelbare Beteiligung an der Sicherung des äußeren Friedens findet nicht statt. Das ist Sache der Krieger, der Beamten und des Königs. Der Asket stiftet, hat er selbst den Frieden in sich gefunden, allerdings in seiner nahen Umgebung einen umfassenden Frieden durch die Ausstrahlung seiner Persönlichkeit, durch sein Lebensbeispiel, durch seine Worte. Āshrams sind als solche Strahlzentren des Friedens gemeint. Natürlich wird der Asket auch den äußeren Frieden *wünschen* und selbst in seinem kleinen Strahlungsgebiet dazu beitragen. Der Asket wünscht allerdings den äußeren Frieden stets als ein Mittel für den inneren Frieden, und das Ideal ist, daß er selbst inmitten des äußeren Unfriedens eine so starke Welt-Entsagung verwirklicht, daß er unabhängig von diesen äußeren Umständen seinen inneren Frieden bewahrt.

Es ist Mahātmā Gāndhī gewesen, der die Sphären des inneren und äußeren Friedens in seinem Leben und seiner Lehre vereinigt hat. Er war dem Asketen-Ideal verpflichtet, insofern als auch er den inneren Frieden mit ganzer Kraft suchte und wünschte. Er suchte ihn freilich nicht so sehr durch Welt-Entsagung, als durch restlose Hingabe an Gott. Er bemühte sich darum, den äußeren Frieden als eine Frucht des inneren Friedens aktiv zu verwirklichen — also nicht bloß durch Lebensbeispiel, persönliche Ausstrahlung und belehrende und liebevolle Worte, sondern durch die aktive Übernahme des Friedens von innen nach außen. Er war davon überzeugt: Wer in seinem Denken, Fühlen und Wollen total gewaltlos geworden ist, der verfügt über eine große geistige Kraft, mit der er gezielt andere Menschen zur Gewaltlosigkeit bewegen kann. Gāndhī postuliert, daß in keinem Menschen Gewalt, Haß, Bosheit zentral und unüberwindbar sind. Und weiterhin postuliert er, daß Liebe, Friede, das Gute im Menschen in sich kraftvoller sind als das Böse, Gewalt, Haß. Wenn sich also ein

Mensch in Gewaltlosigkeit und Liebe ausreichend geübt hat, wenn er furchtlos und rein geworden ist, kann diese seine Liebe und Gewaltlosigkeit, konfrontiert mit dem Bösen in einem anderen Menschen, dieses Böse nach und nach überwinden. Der Gegner sieht plötzlich die Wahrheit von Liebe, Gewaltlosigkeit und dem Guten, wird sich seiner gewaltsamen und in sich unwahren Methoden und Haltungen inne und kapituliert letzten Ende moralisch und spirituell vor dem Guten und Gewaltlosen.

Das ist ein ungemein kühner Gedankengang, den wir Christen — wir können gar nicht anders! — erproben müssen. Auch für den Christen sind Gewaltlosigkeit und Liebe eine größere Kraft als Gewalt und Haß, weil in Gewaltlosigkeit und Liebe eine größere innere Wahrheit liegt, anders: weil sie Christus ähnlich sind. Darum glauben wir auch wie der Mahātmā an den letztendlichen Sieg der Liebe. Die Konsequenz aus diesem kühnen Gedankengang hat Gāndhī in seiner großen gewaltlosen Bewegung zur Erlangung der indischen Unabhängigkeit gezogen und mit allen ihren Schwierigkeiten und Problemen ausgetragen.

Als eine der wenigen indischen Ideen hat die Idee von *ahimsā* Eintritt in das christlich-abendländische Denken und Handeln gefunden, ohne daß schwere religiöse und kulturelle Anpassungsschwierigkeiten entstanden sind. Martin Luther King berief sich unmittelbar auf den Mahātmā; die Friedensbewegungen im Zusammenhang mit dem Algerien- und dem Vietnam-Krieg haben es teilweise auch getan. Die Form der Friedensarbeit in Deutschland und in anderen westlichen Ländern, etwa gegen nukleare Installationen, gegen Atomkraftwerke, sind ohne das Beispiel Gāndhīs undenkbar. Sein Name mag nicht immer genannt werden, er gehört bereits zum lebendigen Humus der Friedenssicherung in West und Ost. Ich sehe in Mahātmā Gāndhī die größte Gestalt des modernen Hinduismus, den größten Inder unseres Jahrhunderts. Nicht alles ist realistisch gewesen, was er gesagt und getan hat. Wer die moderne indische Geschichte genau liest, wird erkennen, wie schwer es ist, eine größere Zahl von Menschen für das Ideal der Gewaltlosigkeit zu verpflichten. Aber wir haben noch sehr viel von Gāndhī zu lernen, gerade auch für unsere christliche Praxis.[15] Ein großes katholisches Verlagshaus in Deutschland rubriziert in seinem Werbematerial seine drei Gāndhī-Bücher unter dem Titel "Christliche Lebenszeugnisse", und zwar seit Jahren. Ein Versehen? Gewiß. Aber ein bezeichnendes und bedeutsames Versehen.

---

[15] vgl. dazu: Mahatma Gandhi — Aus der Stille steigt die Kraft zum Kampf. Von der Macht des Gebets. Auswahl und Übersetzung von Henrike Rick; Einführung von Martin Kämpchen. Verlag Herder, Freiburg 1987.

Arnold Angenendt

"WAS TUT IHR DA BESONDERES?" (Mt 5,47)

"... wenn ihr nur die liebt, die euch lieben" (Lk 6,32; Mt 5, 46), "wenn ihr nur denen Gutes tut, die euch Gutes tun" (Lk 6,33), "wenn ihr nur denen etwas leiht, von denen ihr es zurückzubekommen hofft" (Lk 6,34), – das tun auch die Zöllner und Sünder. Für Jesus ist das sozusagen banal, und darum sein "Ihr aber".

Was hier abgelehnt wird, hat uns der französische Religionssoziologe Marcel Mauss sehen gelehrt in seinem "Essai sur le don" – Über die Gabe –, der mittlerweile mehrfach auch in deutscher Sprache vorliegt.[1] Mauss behandelt das in einfachen Gesellschaften zu beobachtende System von Gabe und Gegengabe. Wörtlich: "Der wichtigste dieser geistigen Mechanismen ist ganz offensichtlich jener, der dazu zwingt, das empfangene Geschenk zu erwidern".[2] Der Austausch betrifft alles. Es ist – so Mauss – ein "System der totalen Leistungen"[3] oder vielleicht noch deutlicher: ein Gesetz des genauen Ausgleichs. Es kommt darin "nur *eine* Tatsache, *ein* soziales System und *eine* bestimmte Mentalität zum Ausdruck: daß nämlich alles – Nahrungsmittel, Frauen, Kinder, Güter, Talismane, Grund und Boden, Arbeit, Dienstleistungen, Priesterämter und Rän-

---

[1] Marcel Mauss, Die Gabe. Form und Funktion des Austausches in archaischen Gesellschaften, in: ders., Soziologie und Anthropologie, Bd. II: Gabentausch, Soziologie und Psychologie, Todesvorstellung, Körpertechniken, Begriff der Person (Anthropologie, hrsg. v. Wolf Lepenies / Henning Ritter), Frankfurt/M.-Berlin-Wien 1978, S. 9-144. Eine andere Ausgabe: Ders., Die Gabe. Form und Funktion des Austauschs in archaischen Gesellschaften (Theorie 1), Frankfurt/M. 1968.
[2] Mauss, Die Gabe, Frankfurt/M.-Berlin-Wien 1978, S. 18-19.
[3] Ebd., S. 16.

ge — Gegenstand der Übergabe und Rückgabe ist. Alles kommt und geht, als gäbe es einen immerwährenden Austausch einer Sachen und Menschen umfassenden geistigen Materie zwischen den Clans und den Individuen, den Rängen, Geschlechtern und Generationen."[4] "Material, welches die Pflicht des Nehmens betrifft", so Mauss, "ist ohne Mühe in großer Fülle zu finden. Ein Clan, eine Hausgemeinschaft oder ein Gast haben nicht die Freiheit, Gastfreundschaft nicht in Anspruch zu nehmen, Geschenke nicht anzunehmen, ... Bluts- und Heiratsverbindungen nicht einzugehen."[5] Andererseits gilt ebenso: "Die Pflicht des Gebens ist nicht weniger wichtig; ... Sich weigern, etwas zu geben, es versäumen, jemand einzuladen, sowie es ablehnen, etwas anzunehmen, kommt einer Kriegserklärung gleich; es bedeutet, die Freundschaft und die Gemeinschaft verweigern."[6] Die Pflicht des Gebens und Nehmens besteht nicht nur unter Menschen; sie gilt mehr noch im Verkehr mit den Göttern. Es ist, wiederum Mauss, "der Glaube, daß von den Göttern gekauft werden muß und daß die Götter den Preis der Dinge zurückzuerstatten wissen."[7] Auch hier herrscht also wieder das totale System der Leistungen, das Gesetz des Ausgleichs. Klassisch ist diese ganze Mentalität in einer alten Spruchdichtung der skandivischen Edda ausgedrückt. Mauss, der sein Material auf breiter Basis von der Südsee bis hin nach Sibirien zusammengetragen hat, hat diesen nordischen Text an den Anfang seines Essays gesetzt, sozusagen als Ausdruck einer religiösen Internationale:

"Keinen so freigebigen Mann
oder mit Speisen so wohltätigen habe ich getroffen,
der nicht gerne etwas entgegengenommen hätte,
...
daß eine empfangene Belohnung ihm unlieb gewesen wäre.

---

[4] Ebd., S. 29.
[5] Ebd., S. 27.
[6] Ebd., S. 28.
[7] Ebd., S. 33.

Mit Waffen und Gewändern
sollen sich Freunde gegenseitig erfreuen;
...
Solche, die Gaben vergelten, und solche, die noch einmal geben
für sie währt die Freundschaft am längsten,
...
Wenn du weißt, daß du einen guten Freund hast,
dem du gut vertraust,
und willst du Gutes von ihm erfahren,
da sollst du deine Gesinnung ihm offenbaren
und Gaben tauschen
...
Wenn du einen anderen hast,
von dem du Schlechtes glaubst
und von dem du doch Gutes erfahren willst,
da sollst du schön mit ihm reden,
aber falsch denken
und erwidern Lüge mit Betrug.

Das gilt noch weiter,
wenn du schlecht von ihm glaubst
und du seine Gesinnung im Verdacht hast,
mit ihm zusammen sollst du lachen,
aber gegen deine Überzeugung reden:
Gabe sei der Gabe gleich.
...
Besser ist Ungebeten als zu [gebeten,
besser ist ungeopfert als zu viel] geopfert:
eine Gabe blickt immer nach Vergeltung"[8]

Ein solcher religionshistorischer Exkurs – so scheint mir – macht Jesu "Ihr aber" überhaupt erst verständlich. Wir können direkt kontrastieren. Heißt es im germanischen Sinnspruch: Vergilt Gabe mit Gegengabe, Gabe schielt nach Entgelt, so

---

[8] Ebd., S. 11-12.

Jesus: "Ihr aber ... sollt Gutes tun und leihen, auch wo ihr nichts dafür erhoffen könnt" (Lk 6,35), auch wo es keine Gegengabe gibt. Und wo der germanische Sinnspruch proklamiert: Sprich freundlich, doch sinne Trug und vergilt Täuschung mit Trug, da Jesus: "Ihr aber sollt eure Feinde lieben" (Lk 6,35); "Seid barmherzig, wie es auch euer Vater ist" (Lk 6,36).

Wir können demnach sagen: Christsein heißt, nicht nach Gegengabe zu schielen, dem System der totalen Austauschbeziehungen abzusagen, möglichst auf Aufwägung verzichten. Oder anders: Christsein bedeutet, freiwillig in unausgeglichenen, in unabgegoltenen Verhältnissen zu leben, aber dies nicht als Selbstzweck, sondern als sozialer Dienst. Dies zu erläutern, seien drei Themenfelder ausgewählt: die Armen und Entrechteten, Ehe und Kind, Krieg und Frieden. Einschränkend sei aber vorweg gesagt, daß die folgenden Beispiele "einseitig positiv" sind, denn es soll hier einfach nur darum gehen, ob es wenigstens Versuche des "Besonderen" gegeben hat; mit Leichtigkeit könnte natürlich eine lange Reihe von "Gegenbeispielen" angeführt werden.

1. Die Armen und Entrechteten

a) Freundschaft

Beginnen wir mit etwas, was wir uns alle wünschen, nämlich ein gutes menschliches Zusammenleben, in philosophisch-klassischer Terminologie, Freundschaft. Für unsere germanische Spruchdichtung ist es klar:

"Man soll Freund
mit seinem Freunde sein
und Gabe mit Gabe vergelten.
...

Wenn du weißt, daß du einen guten Freund hast,
...

und willst du Gutes von ihm erfahren,
da sollst du deine Gesinnung ihm offenbaren
und Gaben tauschen"[9]

Ähnlich aber auch etwa bei Aristoteles:

"Die ethische Freundschaft dagegen wird nicht unter ausdrückliche Bedingungen gestellt, vielmehr gibt sich in ihr jede Leistung, sei es eine Schenkung oder sonst was, als eine Bekundung der Freundschaft; man rechnet aber darauf, gleich viel oder noch mehr zu empfangen, weil man tatsächlich nicht geschenkt, sondern nur geliehen hat, und erfolgt nun die Gegenleistung nicht in eben der Weise wie die Leistung, so kommt es zu Klagen, und zwar deshalb, weil alle oder doch die meisten Menschen zwar das sittlich Schöne wollen, aber das Nützliche vorziehen. Sittlich schön aber ist es, Gutes zu tun, nicht um Gutes dafür zu empfangen, nützlich aber, sich Gutes antun zu lassen."[10]

Und christlich? Ich zitiere irgendeinen mittelalterlichen Abt, den Zisterzienser Aelred aus dem 12. Jh., Abt im englischen Rieval:

"Es gibt ferner eine Art Freundschaft, die sich an der Aussicht auf Gewinn entzündet. Tatsächlich meinen viele, dies sei ein Grund, sie anzustreben, sie zu pflegen, sie aufrecht zu halten. Wenn wir ihnen zustimmen, müssen wir viele Menschen ausschließen, die alle Liebe unsererseits verdienen: die Armen und Besitzlosen, bei denen niemand einen Gewinn sucht, niemand sich einen Vorteil versprechen kann!"[11]

Hier ist genau das christlich Besondere erkannt: Freundschaft, die auf Gewinn aus ist — und sei dieser Gewinn noch so sublim ästhetisch oder geistig — muß die Armen, die Unansehnlichen, die weder Besitz noch Geist zu bieten haben, eben die neutestamentlichen ptochoi, übergehen. Nur die Bereitschaft, freiwillig in unabgegoltenen Verhältnissen zu leben,

---

[9] Ebd., S. 11.
[10] Aristoteles, Nikomachische Ethik, VIII, 15 (hrsg. v. Günther Bien (Philosophische Bibliothek, Bd. 5), Hamburg 1985).
[11] Aelred von Rieval, Über die geistliche Freundschaft, lat.-dt. v. Rhaban Haacke (Occidens, Bd. 3), Trier 1978, S. 49.

schafft eine Bereitschaft für die Armen, die nichts haben, um sich attraktiv zu machen, die nicht "vergelten" können. Christlich gesehen kann darum Freundschaft nicht, primär hedonistisch sein, niemals zuerst das eigene Erfülltwerden suchen. Sie ist vielmehr der Hinabstieg, so wie es das älteste Christenlied, der Philipperbrief-Hymnus, an Jesus besungen hat, daß er an seiner Gottgleichheit nicht festhielt, sondern sich erniedrigte (Phil 2,6-11). Und das als Beispiel für uns: Wer nur auf seiner Ebene, nur unter seinesgleichen verkehrt, krampfhaft an seiner Position festhält und nicht hinabsteigt, muß notwendig über "die da unten" hinweggehen.

b) Bedüftigkeit und Hunger

Historisch hat das Christentum hier eine neue Dimension eröffnet. In unserer Geschichte[12] hat es die Armen ins Bewußtsein gehoben und damit die antike Idee, Armut sei unabänderliches Schicksal, aufgehoben. Die Forschung weist hier einen weithin einhelligen Konsens auf. Im neuen Lexikon des Mittelalters heißt es unter dem Stichwort "Armenfürsorge": Die Kirche war "lange Zeit die einzige Verwalterin von Fürsorge und Armutsauffassung, weil darin kein Staat zuvor eine Verpflichtung erblickt hatte".[13] In der Tat, aus der gesamten griechischen und römischen Welt ist — bei gleichwohl geüber Geld- und Getreideverteilung oder auch Waisenversorgung in Rom — kein spezieller Gesetzesakt zugunsten der Armen zu verzeichnen. Denn beispielsweise "keine dieser [Getreide-] Verteilungen ist nach dem Kriterium der Bedüftigkeit vorgenommen worden, nie wurden die Armen als Zielgruppe der

---

[12] Der Orient und das AT haben hinsichtlich der Armut eine andere Tradition; vgl. Hans Wißmann, Art. Armut I, in: Theologische Realenzyklopädie, Bd. IV, Berlin-New York 1979, S. 70 und Diethelm Michel, Art. Armut II, ebd., S. 72-76.

[13] U. Lindgren, Art. Armut und Armenfürsorge, in: Lexikon des Mittelalters, Bd. 1, München-Zürich 1980, Sp. 988.

Verteilungen bezeichnet"[14]; und die kaiserliche Kinderfürsorge, die sich auch der mittellosen Waisen annahm, galt nur den freigeborenen Kindern.[15] Armut war für die Antike Schicksal; man hatte einfach das Pech, nicht auf der Sonnenseite des Lebens zu stehen. Der amerikanische Historiker Moses I. Finley schreibt: "Das Urteil der Antike über Reichtum war vollkommen eindeutig und unkompliziert. Reichtum war notwendig und war gut; er war unerläßliche Voraussetzung für ein angenehmes Leben; und das war eigentlich alles".[16] Finley resümiert: "Grundsätzlich gehörte jedenfalls das 'Selig sind die Armen' nicht in die griechisch-römische Vorstellungswelt".[17] Das Christentum hat diese Schicksalsvorstellung zerstört. Es hat die Armut als Problem bewußt gemacht. So schreibt etwa Otto Gerhard Oexle (soeben zum Präsidenten des Göttinger Max-Planck-Institutes für Geschichte berufen): Im Christentum "ergab sich aus der Verurteilung des Reichtums auch die Pflicht zur Armenfürsorge, die es in dieser Form in der griechischen und römischen Antike überhaupt nicht gegeben hatte".[18] Auf diese Weise wurde das Christentum, wie schon

---

[14] Hinnerk Bruhns, Armut und Gesellschaft in Rom, in: Vom Elend der Handarbeit. Probleme historischer Unterschichtenforschung, hrsg. v. Hans Mommsen / Winfried Schulze (Geschichte und Gesellschaft. Bochumer Historische Studien, Bd. 24), Stuttgart 1981, S. 34-35.

[15] Ingomar Weiler, Zum Schicksal der Witwen und Waisen bei den Völkern der Alten Welt. Materialien für eine vergleichende Geschichtswissenschaft, in: Saeculum 31 (1980) S. 186-187.

[16] Moses I. Finley, Die antike Wirtschaft, München 1977, S. 31.

[17] Ebd., S. 34.

[18] Otto Gerhard Oexle, Armut und Armenfürsorge um 1200. Ein Beitrag zum Verständnis der freiwilligen Armut bei Elisabeth von Thüringen, in: Sankt Elisabeth. Fürstin-Dienerin-Heilige, Aufsätze, Dokumentation, Katalog (Ausstellung zum 750. Todestag der hl. Elisabeth, Marburg), hrsg. v. der Philipps-Universität Marburg in Verbindung mit dem Hessischen Landesamt für geschichtliche Landeskunde, Sigmaringen 1981, S. 80.
H. Bolkestein, dessen Arbeit (Wohltätigkeit und Armenpflege im vorchristlichen Altertum. Ein Beitrag zum Problem "Moral und Gesell-

Ernst Troeltsch feststellte, "ein Prinzip der ungeheuersten geistigen", aber auch der "materiellen, rechtlichen und institutionellen Revolution".[19] Die Beispiele sind geradezu Legion: Der DDR-Historiker Hans-Joachim Diesner hat bei der Untersuchung der Geisteswelt des Isidor von Sevilla (jenes spanischen Bischofs im 7. Jh., der zum großen Enzyklopädisten des Mittelalters wurde und den man gemeinhin als letzten Büchergelehrten der Antike kennt) "ein besonderes Engagement",[20] ja eine "Vorliebe"[21] für die Armen festgestellt; Isidor habe sogar eine eigene "Armentheologie" entwickelt.[22] Seine geist-

---

schaft", Utrecht 1939) bis heute unersetzlich ist, faßt die Ergebnisse seiner Untersuchung über die Armenfürsorge in der Antike wie folgt zusammen (S. 423): "Dieser Zug der obrigkeitlichen Sozialpolitik in Griechenland und Rom, daß sie nämlich keine *besonderen* Maßnahmen zum Besten der Armen sondern nur *allgemeine* zu Gunsten der ganzen Bürgerschaft kennt, ist auch den privaten Einrichtungen eigen, die sich eine soziale Tätigkeit zur Aufgabe gestellt haben; weder Stiftungen noch Vereine haben sich in der griechischen und römischen Welt, so sehr sie auch der Förderung der Interessen ihrer Mitglieder oder Mitbürger zu dienen suchten, je mit Armenpflege beschäftigt."

[19] Ernst Troeltsch, Die Soziallehren der christlichen Kirchen und Gruppen, in: Gesammelte Schriften, Bd. 1, Aalen 1965 (2. Neudruck der Ausgabe von 1922), S. 80.

[20] Hans-Joachim Diesner, Isidor von Sevilla und das westgotische Spanien (Occidens, Bd. 2), Trier 1978, S. 7.

[21] Ebd., S. 9.

[22] Ebd., S. 25. Diesner beschreibt das Engagement Isidors für die Armen wie folgt (S. 7): "So gibt er im dritten Buch der 'Sententiae' den Königen und Bischöfen, aber auch allen untergeordneten kirchlichen und weltlichen Amtsträgern eine sehr differenzierte Anleitung zum richtigen und moralischen Handeln. ... Es ist sowohl von Mächtigen die Rede, die die Armen unterdrücken, als auch von Bischöfen, die ihr Volk auf tyrannische Weise regieren oder die die Bedrückung von Armen durch Mächtigere zulassen. Die häufig sehr bedrängte Lage der Sklaven und anderer Unfreier und Untertanen wird ebenfalls nicht geleugnet, und die fehlende Gerechtigkeit vieler Richter und Justizdiener wird sogar mit dem Wüten von Räubern verglichen."

lichen Mitbrüder hat Isidor eindringlich ermahnt, "daß sie Arme auch gegen Unrecht zu schützen hätten, wenn diese von Mächtigen bedrückt würden, die den Bischöfen selbst gefährlich werden könnten".[23] Isidor ist aber nur ein Beispiel. Praktisch waren die Bischöfe der Spätantike die Sozialanwälte ihrer Städte.[24] Wir haben Quellen, daß man bewußt nicht einen geistlich-spirituellen Bischof wollte, sondern den Sozialorganisator.[25] Vernachlässigung der Armenpflege galt der alten Kir-

---

[23] Ebd., S. 9-10.

[24] Michel Mollat, Die Armen im Mittelalter, München 1984, S. 42 umschreibt die Rolle der Bischöfe in der Armenfürsorge folgendermaßen: "Der letzte noch der Antike zuzuordnende Kanon vor der Merowingerzeit ist ein Dekret des Papstes Simplicius (468-483), das zweifellos aus der Feder seines Sekretärs, des späteren Papstes Gelasius (492-496), stammt. Dieses Dekret griff zur Zeit Chlodwigs das Konzil von Orléans 511 wieder auf: Es verpflichtete die Bischöfe, ein Viertel ihrer Einkünfte, und die Pfarreien, ein Drittel der eingehenden Spenden den Armen zur Verfügung zu stellen. Diese neuen Bestimmungen führte Bonifatius im 8. Jahrhundert auch in den neu eingerichteten Diözesen Deutschlands ein. ... Der Bischof war Vater der Armen, sein Haus wurde zum Haus der Armen."
vgl. auch Friedrich Prinz, Die bischöfliche Stadtherrschaft im Frankenreich vom 5. bis zum 7. Jahrhundert, in: Historische Zeitschrift 21 (1974) S. 1-35, bes. S. 30-31.

[25] Rudolf Schieffer, Der Bischof zwischen Civitas und Königshof. 4. bis 9. Jahrhundert, in: Der Bischof in seiner Zeit. Bischofstypus und Bischofsideal im Spiegel der Kölner Kirche, Festgabe für Joseph Kardinal Höffner zum 80. Geburtstag, hrsg. v. Peter Berglar / Odilo Engels, Köln 1986, S. 20 gibt Überlegungen wieder, wie sie in der Spätantike bei der Bischofswahl eine Rolle spielten, dargestellt in dem "Brief des vornehmen, aus Lyon stammenden Rhetors Sidonius Apollinaris, der um 470 in den geistlichen Stand getreten und Bischof von Clermont geworden war. Er schrieb bald darauf nach Bourges, um mit Blick auf eine dort bevorstehende Bischofswahl ein Wort für Simplicius, einen der Kandidaten einzulegen. Dabei stellte er an den Anfang, daß ein Mönch nicht gewählt werden sollte, weil er sich mehr um die Seelen der Menschen bei Gott als um ihren Leib bei irdischen Machthabern zu kümmern wisse *(intercedere magis pro animabus apud caelestem quam pro corporibus apud terrenum iudicem potest);* auch

che gemeinhin als Mord.[26] Karls des Großen in den Hungerjahren 794 und 805 erlassenen Verordnungen, Getreide zu verbilligten Preisen abzugeben und vor allem auch die Sklaven nicht verhungern zu lassen, hat Friedrich Prinz den ersten Versuch einer christlichen Motiven gespeisten Sozialpolitik[27] genannt. Das Kloster Cluny, so hat man jüngst errechnet, verteilte jährlich 18.000 Armenspeisungen,[28] die reichhaltiger und besser waren als die Mönchskost. Weitere Zahlen und Fakten können mühelos ergänzt werden. Was wichtiger ist: Das Christentum hat die Armut, die in der antiken Welt immer als Schicksal aufgefaßt wurde, problematisiert. Jeder Christ war bei Verlust seiner Seligkeit verpflichtet, etwas für die Armen zu tun.[29] Die Aussicht allerdings, die Armut wirklich beheben

ein Kleriker komme nicht in Betracht, schon wegen der Eifersucht der anderen. Der empfohlene Simplicius sei dagegen als bisheriger Reichsbeamter *(comes)* offenkundig bestens geeignet, dem Staat *(res publica)* ebenso wie der Kirche *(ecclesia)* zu nutzen. Zu Gemeinsinn und Verwaltungspraxis komme das hohe Ansehen seiner Vorfahren, die höchste geistliche und weltliche Ränge innegehabt hätten *(parentes ... aut cathedris aut tribunalibus praesederunt)* wie auch die Herkunft seiner Frau aus der Familie des bisherigen Bischofs von Bourges. Simplicius habe zudem seine beiden Söhne gut erzogen und früher schon in Bourges den Bau einer Kirche gestiftet."

[26] Mollat (wie Anmerk. 24), S. 42 hebt hervor: "Der Anspruch der Armen auf die Einkünfte der Kirche galt bald als so selbstverständlich, daß die Verschwender im Rückgriff auf den hl. Ambrosius beständig als Mörder der Armen *(necator pauperum)* bezeichnet werden, etwa in den Mahnungen der Konzilien oder den Predigten des hl. Caesarius von Arles."

[27] Friedrich Prinz, Grundlagen und Anfänge. Deutschland bis 1056 (Neue Deutsche Geschichte, Bd. I), München 1985, S. 106.

[28] Joachim Wollasch, Gemeinschaftsbewußtsein und soziale Leistung im Mittelalter, in: Frühmittelalterliche Studien 9 (1975) S. 282.

[29] Mollat (wie Anmerk. 24), S. 27-29: "Für das mittelalterliche Denken wurde entscheidend, daß sich seit der Spätantike und im Frühmittelalter das christliche Konzept der Caritas unmittelbar auf die Armut bezog und von Bischöfen und Mönchen im Orient und Okzident gepredigt und vorgelebt wurde. Die Armut im Geiste wurde zum Streben

zu können, war gleich null. Beim Hauptnahrungsmittel, dem Getreide, erbrachte die Ernte im allgemeinen kaum mehr als das Dreifache der Aussaat; in vielen Jahren weniger.[30] Zum Vergleich: Die heutige Relation auf guten Böden in einem modernen Agrarland ist 1 zu 30. Den Hunger zu beheben, mußte bis fast in die Gegenwart hinein aussichtslos erscheinen. Noch bis in unser Jahrhundert war für die Menschen auch unseres Landes der Hunger eine erfahrene Realität und angesichts der immer zu gewärtigenden Mißernten ein Schicksal. Allenfalls war eine punktuelle Linderung der Armut möglich; ihre strukturelle Behebung schien nicht einmal vorstellbar. Dennoch predigte das Christentum, die Hungernden zu speisen und die

nach Gott und zielte darauf ab, die materielle und soziale Demütigung der Armen zu mildern. ... Das Wissen über die Existenz der Armut und das Gefühl, zu ihrer Linderung verpflichtet zu sein, bildete sich langsam, sehr langsam heraus, durch Predigten, Heiligenviten, Wundererzählungen, Gleichnisse und durch die karitativen Einrichtungen, die den Reichen zur Nachahmung empfohlen und für die Armen geöffnet wurden. Als lebendiges Vorbild empfahl die christliche Antike den Gläubigen jenen Heiligen, dessen Gedenken sie in zahlreichen Kirchenpatrozinien bewahrte, den römischen Offizier, der vor den Toren von Amiens seinen Mantel mit dem Schwert teilte, um die Hälfte einem Bettler zu geben, den hl. Martin."

[30] G. Duby, Die Landwirtschaft des Mittelalters 700-1500, in: Europäische Wirtschaftsgeschichte, hrsg. v. Carlo M. Cipolla, dt. Ausg. hrsg. v. K. Borchardt, Bd. 1: Mittelalter, Stuttgart-New York 1978, S. 123 f. weist darauf hin, daß die Ernteerträge außerordentlich stark schwankten, da sie in erhöhtem Maße von der Bodenbeschaffenheit und dem Klima abhängig waren. "Doch darf man, mit allen Einschränkungen und bei aller gebotenen Vorsicht, wohl annehmen, daß die meisten Bauern in Europa damals zufrieden waren, wenn sie im Vergleich zur Aussaat einen drei- bis vierfachen Ertrag erzielten. Dieses Verhältnis erscheint unglaublich niedrig; hinzu kommt noch, daß die Aussaat viel weniger dicht und die Produktivität jeder Parzelle folglich auch viel geringer war als heute. ... Nach etwa 1150, nachdem wir auch über ausführlichere Belege verfügen, scheinen die Erträge etwas höher zu liegen als in der karolingischen Zeit. Im 9. Jahrhundert überstieg der durchschnittliche Ertrag wahrscheinlich kaum 2:1."

Nackten zu kleiden. Erstmals in unseren Tagen ist es in der Menschheitsgeschichte möglich geworden, alle Menschen auf der Welt zu sättigen. Ein uralter biblischer, "göttlicher" Wunschtraum könnte Wirklichkeit werden.

Überhaupt, wagen wir es doch mal — wenigstens als Gedankenspiel —, den christlichen Hinabstieg auf unsere heutige Welt anzuwenden. Wir, die beamtet Lehrenden, sind mit die Bestbezahlten der Welt.[31] Warum bringen wir es nicht fertig, auf eine bezahlte Stunde zu verzichten, damit junge Leute zu einer Stelle kommen? Sechshundert hätten es allein in NRW sein können. Und erst die Entwicklungsländer! Sind sie nicht — evangelisch gesprochen — diejenigen, die zwar erst nur eine Stunde in unserer modernen Industriewelt gearbeitet haben, aber doch — und da zögern wir alle sofort — den vollen Lohn oder mindestens einen besseren als den jetzigen erhalten müßten? Und wenn wir einen irgendwie angeglichenen Lohn nicht zahlen können, müßten wir nicht wenigstens aufhören, unsere Einkommen weiter zu steigern? Der soeben mit dem Friedenspreis des deutschen Buchhandels ausgezeichnete Hans Jonas führt aus, "daß 'wir' uns im Weltdurchschnitt eine Steigerung des Wohlstandes nicht mehr leisten können ... Auch die rücksichtsloseste Neuverteilung des global schon bestehenden Reichtums bzw. der ihm gewidmeten Produktionskapazitäten (die aber friedlich gar nicht vorgenommen werden könnte) wäre nicht genug für *die* Hebung des Lebensstandards der verarmten Weltteile, die das bloße Elend abschaffen würde. ... Dennoch ist klar, daß in dieser Richtung etwas geschehen *muß*, was aber notgedrungen weit hinter jeder Utopie-fördern-

---

[31] Amerikanische Lehrer verdienen vergleichsweise erheblich weniger: So beträgt beispielsweise das durchschnittliche Jahresgehalt eines Lehrers in Washington D.C. zu Berufsbeginn 18.307 $, nach mehreren Berufsjahren 32.988 $ und in Spitzenpositionen (als Promovierter mit 15 Jahren Berufserfahrung 37.849 $ (Die Zahlen sind einer Statistik der Washington Post vom Frühjahr 1987 entnommen.).

den Reichlichkeit zurückbleiben wird."[32] Niemand wird ernstlich glauben wollen, daß eine Welt zum Frieden kommt, solange die einfach schreienden Ungleichheiten, wie sie heute gegeben sind, fortbestehen. Die christliche Forderung, in unausgeglichenen Verhältnissen zu leben, könnte gerade eine Formel aktiver Veränderung werden, um Menschen aus der Unterentwicklung herauszuführen.

c) die Sklaven

Ein weiteres Beispiel für den christlichen Hinabstieg, für das Leben in unausgeglichenen Verhältnissen, bietet die Behandlung der Sklaven, der Menschen ohne Rechte. Der Göttinger Historiker Hartmut Hoffmann hat soeben im Deutschen Archiv, der angesehensten deutschen Mittelalter-Zeitschrift, einen Aufsatz über "Kirche und Sklaverei im frühen Mittelalter" veröffentlicht.[33] Fazit: In der Beendigung der antiken Sklaverei während des frühen Mittelalters kann "der Einfluß der Kirche kaum hoch genug veranschlagt werden".[34] Die Kirche "hat dadurch, freilich ohne es zu wollen und zu wissen, zu jenem tiefen Wandel in den Grundlagen der Gesellschaft beigetragen, der in der Folge für die Geschichte des Abendlandes die größte Bedeutung gehabt hat".[35] Unsere Vorfahren, die – wie man sie nennen sollte – "unedlen" Germanen, praktizierten die brutalste Sklaverei.[36] In den Germanenreichen auf

---

[32] Hans Jonas, Prinzip Verantwortung. Versuch einer Ethik für die technologische Zivilisation, Frankfurt/M. 1984, S. 287.

[33] Hartmut Hoffmann, Kirche und Sklaverei im frühen Mittelalter, in: Deutsches Archiv 42 (1986) S. 1-24.

[34] Ebd., S. 22.

[35] Ebd., S. 24.

[36] Diese Thematik ist zum ersten Mal ausführlich bearbeitet worden von Hermann Nehlsen, Sklavenrecht zwischen Antike und Mittelalter. Germanisches und römisches Recht in den germanischen Rechtsaufzeichnungen, Bd. I: Ostgoten, Westgoten, Franken, Langobarden (Göttinger Studien zur Rechtsgeschichte, Bd. 7), Göttingen-Frankfurt-Zürich 1972.

römischem Boden, also im westgotischen Spanien, im langobardischen Italien und im fränkischen Gallien, soll die Zahl der Sklaven die der Freien übertroffen haben. Die Volksrechte sowohl der Westgoten wie der Langobarden wie auch der Franken erweisen sich bis zu einem Drittel ihrer Bestimmungen als Sklavenrecht. Von den in der Antike bereits angestrebten humanitären Verbesserungen ist darin nichts zu finden. Die Herren konnten schrankenlos über das Leben ihrer Sklaven verfügen und jede Art von Bestrafung ausüben. Die Quellen der Merowingerzeit bezeugen einhellig eine uneingeschränkte Sklavenhalterei. Zur Vermehrung dienten die Kriegszüge; bei einem Spanienzug im Jahr 530 wurden Kriegsgefangene ins Frankenreich verschleppt, 'wie bei Hunden zwei und zwei zusammengebunden'. Der Bedarf an Sklaven war groß, der Handel entsprechend rege und der Preis das Doppelte wie für ein Pferd. Gregor von Tours, der gegen Ende des 6. Jh. schreibende "fränkische" Historiker, berichtet Beispiele von ausgesuchter Grausamkeit, daß etwa ein Herr Rauching bei einem Gelage die Kerzen dem Sklaven ins nackte Fleisch ausdrückt,[37] – ein Verfahren übrigens, das häufig in der neuzeitlichen Sklaverei wieder anzutreffen gewesen ist.[38] Auch in ihren Geschlechtsbeziehungen waren die Sklaven von der Zustimmung ihrer Herren abhängig, sowohl bei der Eingehung einer solchen wie auch bei der Fortsetzung. Wiederum berichtet Gregor über Rauchings grausige Vorfälle: Um die Zustimmung zur Ehe

---

[37] Gregor von Tours, Historia Francorum V 3 (Gregor von Tours, Zehn Bücher Geschichten, lat.-dt. v. W. Giesebrecht / Rudolf Buchner, Bd. I: Buch 1-5 (Ausgewählte Quellen zur deutschen Geschichte des Mittelalters, Bd. I), Berlin o.J., S. 283): "Wenn z.B. ein Diener, wie es beim Gelage zu geschehen pflegt, vor ihm eine brennende Fackel hielt, so ließ er ihm die Beine entblößen und die Fackel so lange darauf stoßen, bis sie erlosch; wenn sie dann wieder angezündet war, setzte er es fort, bis die Beine des Fackelträgers ganz verbrannt waren."

[38] Richard Gray, The papacy and the Atlantic slave trade: Lourenco da Silva, the Capuchins and the decisions of the Holy Office, in: Past and Present 115 (1987) S. 58.

eines ihm gehörigen Sklavenpaares gebeten, gab er dem bittenden Priester die eidliche Zusage, die beiden nicht mehr trennen zu wollen, erfüllte dies aber damit, daß er sie lebendigen Leibes, die Frau unten und den Mann oben liegend, beerdigen ließ.[39] Nun mag es sein, daß Gregor von Tours hier der Versuchung zu einer Horror-Geschichte erlegen war; rechtlich — und

---

[39] Gregor von Tours (vgl. Anmerk. 37), S. 283-285: "Es erzählen ferner manche auch dies: er habe unter seinen Leuten damals einen Mann und ein Mädchen gehabt, die, wie dies häufig vorkommt, sich ineinander verliebt hatten. Und als sich ihr Liebesverhältnis schon zwei Jahre und noch länger hingezogen hatte, verbanden sie sich und flüchteten zusammen in eine Kirche. Da dies Rauching erfuhr, ging er zum Priester des Orts und verlangte, es sollten ihm seine Leute sofort wiedergegeben werden, er habe ihnen ihre Schuld verziehen. Darauf sprach der Priester zu ihm: 'Du weißt, welche Ehrerbietung man den Kirchen Gottes weihen muß; du wirst sie also nicht zurückerhalten können, wenn du nicht dein Wort gibst, daß du ihre Verbindung bestehen läßt, und überdies versprichst, sie ohne alle körperliche Strafe zu lassen.' Nachdem aber jener lange unschlüssig in seinen Gedanken geschwiegen hatte, wandte er sich zu dem Priester, legte die Hände auf den Altar und schwur: 'Niemals sollen sie durch mich getrennt werden, sondern ich will vielmehr sorgen, daß sie verbunden bleiben, denn obwohl ich es ungern sah, daß sie ohne Bewilligung von meiner Seite dies taten, ist mir doch ganz recht, daß mein Knecht nicht eines andern Magd und sie nicht eines andern Knecht genommen hat.' Arglos glaubte der Priester dem Versprechen des hinterlistigen Mannes und gab ihm die Leute unter der Bedingung der Straflosigkeit heraus. Nachdem jener sie aber erhalten hatte, dankte er und ging nach Hause. Und sogleich ließ er einen Baum schlagen, die Äste abhauen, den Stamm an den Enden durch einen Keil spalten und aushöhlen, darauf drei oder vier Fuß tief die Erde ausgraben und den Kasten in die Grube senken. Darauf ließ er das Mädchen hineinlegen gleich wie eine Tote, und den Knecht oben darauf, schloß den Deckel, füllte die Grube wieder mit Erde und begrub sie so lebendig; 'ich habe meinen Schwur', sagte er dabei, 'nicht verletzt, daß sie in Ewigkeit nicht getrennt werden sollen.' Als dies dem Priester gemeldet wurde, lief er eilig herbei; und indem er den Menschen schalt, brachte er es mit Mühe dahin, daß sie wieder aufgedeckt wurden. Den Knecht freilich zog man noch lebendig heraus, das Mädchen fand man aber schon erstickt."

das ist entscheidend — gab es keine Handhabe gegen den Herrn Rauching. Weiter, bei einer geschlechtlichen Beziehung zwischen einer freien Frau und ihrem Sklaven verloren beide ihr Leben, der Sklave durch Hinrichtung und die Frau durch Tötung seitens ihrer Verwandtschaft.[40] Obwohl sich die Gesetzgebung der Merowingerzeit vielfältigst mit den Sklaven befaßte, geschah nichts, um deren Rechtlosigkeit zu mildern. "Hier bleibt es", so Hans Nehlsen, "der Kirche überlassen, mit geistlichen Strafen den Exzessen der Herren entgegenzutreten".[41] Das Programm der Kirche war klar: Keine Tötung ohne Gerichtsspruch. Also: ein ordentliches Gerichtsverfahren auch für den Sklaven, was bedeutete, daß er Rechtssubjekt wurde und nicht mehr ausschließlich Besitzsache war.[42]

Weiter: Der Sklave und die Sklavin sollten heiraten können; das antike wie das germanische Recht hatten nur ein Zusammenwohnen von Sklaven, nicht aber eine rechtlich geschützte Ehe erlaubt. Mann, Frau und Kinder konnten jederzeit auseinander gerissen und einzeln verkauft werden. Im Karolingerreich hörte dann unter christlichem Einfluß der Verkauf von Sklaven auf, d.h. christliche Sklaven durften nicht mehr vom Ehepartner getrennt[43] und auch nicht mehr ins Ausland ver-

---

[40] Nehlsen (wie Anmerk. 36), S. 271 u. 308 f.
[41] Ebd., S. 273.
[42] vgl. Hoffmann (wie Anmerk. 33), S. 11, der darauf hinweist, "daß im Jahr 517 das Konzil von Epao es für nötig hielt, die Tötung eines Sklaven durch seinen Herrn mit einer schweren Kirchenstrafe zu bedrohen, wenn das *sine conscientia iudicis,* d.h. ohne richterliches Urteil, geschehen war." Gleiche Verbote lassen sich zahlreich auch in frühmittelalterlichen Bußbüchern feststellen. Die Bestrebungen der Kirche, so resümiert Hoffmann, S. 21, "liefen zusammen darauf hinaus, daß der Sklave nicht mehr wie zur Zeit des Augustus und dann wieder wie zu Beginn des Mittelalters einer Sache gleichgeachtet, sondern stattdessen als Person anerkannt wurde, mögen seine Rechte zunächst auch minimal gewesen sein."
[43] Ebd., S. 13: "813 verfügte das Konzil von Chalon, daß Sklavenehen, die in gesetzlicher Form und mit Zustimmung der Herren geschlossen

kauft werden.[44] Die Folge war, daß es im 9. Jahrhundert in Europa "einen Binnenmarkt größeren Ausmaßes für christliche Sklaven nicht mehr gegeben" hat.[45] Endlich auch konnte der Sklave Besitz erwerben, der ihm nicht mehr genommen werden durfte.[46] Normalerweise verfügte er jetzt sogar über ein Anwesen, über Haus, Garten und meist auch über einen Hof, mußte dafür freilich Abgaben und Arbeitsdienste leisten — die mittelalterlichen Frondienste, die bis zur Französischen Revolution andauerten. Der französische Sozialhistoriker Marc Bloch, der 1944 als Jude und Résistance-Mitglied von der SS erschossen worden ist, hat bereits herausgestrichen, daß das Verschwinden der Sklaven mit der Taufe zusammenhing.[47] Die Taufe verlangte aus dogmatischen Gründen, wegen der Freiwilligkeit der Glaubenszustimmung, den freien Entscheid. Für die Taufe von Abhängigen könne man, so sagten die karolingischen Theologen — und nach ihnen viele andere —, nicht erst die Herren fragen. Jesu Taufbefehl gehe vor; darum dann die Forderung, ein jeder und gerade auch ein Ungetaufter, müsse

---

worden waren, nicht aufgelöst werden dürften, und zwar selbst dann nicht, wenn Mann und Frau verschiedenen Eigentümern gehörten."

[44] Ebd., S. 15.
[45] Ebd., S. 17.
[46] Ebd., S. 20.
[47] Marc Bloch, Comment et pourquoi finit l'esclavage antique, in: ders., Mélanges historiques 1 (1963) S. 280-281: "La plupart des esclaves y étaient captifs ou fils de captifs, venus souvent de tout près, au temps où ces sociétés se trouvaient fractionnées entre une foule de petits peuples, ou bien, sous l'Empire romain, puisés dans le vaste réservoir de sa ceinture barbare. La nouveauté fut qu'au Moyen Age la notion d'étranger prit une couleur différente, toute confessionnelle. Les États s'étaient morcelés à l'infini. Mais, au-dessus d'eux et englobant d'immenses masses humaines, une cité nouvelle était née, la *civitas christiana*, la chrétienté, dont tous les membres appartenaient, moralement, à une seule nation. Certes, la paix n'y régnait point, tant s'en faut. La loi de l'Église, cependant, et, plus profondément, la conscience religieuse n'admettaient point que le vainqueur réduisît en servitude le vaincu, lorsque celui-ci était son frère en Christ."

Gottes wegen ein Mindestmaß an Selbstverfügung haben.[48] Man sieht, Theologie ist nicht nur nebenbei, sondern im innersten Kern, in der Beziehung zu Gott und im Anfang des Glaubens, Befreiungstheologie. Dies zusammen genommen, wird heute allgemein betont, daß man angesichts solcher Verbesserungen nicht mehr von Sklaven sprechen könne. Marc Bloch schreibt: "Die Lebensweise der zinsbäuerlichen Sklaven hatte nichts mehr mit der Sklaverei gemein".[49] Die Umwandlung der

---

[48] Agobard von Lyon entfaltet in einem Brief seine theologischen Vorstellungen zur Stellung der Sklaven (Agobard, Ep. IV, MGH Epp. V, Karol. Aevi III, S. 165): "Omnem profecto hominem creaturam Dei esse, et in unoquoque homine, quamvis servo, maiorem portionem habere dominum Deum, qui in utero creavit, ad lucem huius vite produxit, concessam vitam custodivit, sanitatem servavit, quam illum qui viginti aut triginta solidis datis fruitur corporis eius servitio. Nec est qui dubitet, quod unusquisque servus, membrorum corporis opera carnali domino debens, mentis religionem soli debeat creatori. Propter quod omnes sancti predicatores ... non expectaverunt dominorum carnalium licentiam, ut servos baptizarent, quasi non eos oporteret baptizari, nisi eis permittentibus, sed scientes et predicantes, quod servi et domini unum habeant dominum Deum in caelis, omnes baptizaverunt, omnes in uno corpore redigerunt, omnesque fratres et filios Dei esse docuerunt ..." ("In der Tat ist jeder Mensch ein Geschöpf Gottes und in einem jeden Menschen, also auch im Sklaven, kommt Gott dem Herrn, der ihn im Mutterschoß erschuf, ihn zum Licht des Lebens hervorbrachte, ihm das Leben beschützt und die Gesundheit erhält, ein größerer Anteil zu als jenem, der 20 oder 30 Solidi gegeben hat, um über den Dienst seines Körpers zu verfügen. Es kann kein Zweifel sein, daß ein jeder Sklave die Werke der Glieder seines Körpers dem fleischlichen Herrn zu geben hat, die Verehrung des Geistes aber allein dem Schöpfer. Wegen all diesem haben die heiligen Verkündiger ... nicht die Erlaubnis der fleischlichen Herrn abgewartet, als sie die Sklaven tauften, so als sei es ihnen ohne deren Einverständnis nicht erlaubt zu taufen, sondern wissend und verkündigend, daß Sklaven und Herren einen Herrn und Gott im Himmel haben, tauften sie alle, führten alle in dem einen corpus zusammen, und lehrten sie, daß alle Brüder und Söhne Gottes seien ...")

[49] Marc Bloch, Die Feudalgesellschaft, Frankfurt/M.-Wien-Berlin 1982, S. 312.

Sklaverei in den entschieden besseren Status der Hörigkeit – wie der neue Status genannt wird – bewirkte für die Menschen auf dem Land – und sie stellten nahezu die gesamte Bevölkerung dar – den radikalsten sozialgeschichtlichen Wandel zwischen Antike und Moderne. Erst das 19. Jahrhundert brachte mit der Bauernbefreiung eine Weiterführung, nur daß dabei der Einfluß der Kirche kaum niedrig genug veranschlagt werden kann.

Nun verschwand allerdings, wie jedermann weiß, die antike Sklaverei nicht ganz. Was blieb, war der Transithandel von Sklaven nach Spanien, Afrika und in den Orient.[50] Aus diesem Transithandel wurde in der Neuzeit der Neger-Handel nach Amerika. Kürzlich hat ein englischer Historiker dargestellt, daß der Protest der katholischen Kirche gegen den atlantischen Sklavenhandel nicht erst im 19. Jahrhundert erfolgte, sozusagen nach siegreichem Ausgang der anti-slavery-campaign, daß vielmehr sowohl die Congregatio de propaganda fide wie das Sacrum officium 1686 den Sklavenhandel sowohl generell, nicht nur den mit Christen, als auch eindeutig und offiziell verurteilten.[51] Der Protest gegen den Handel mit Menschen und deren unmenschliche Behandlung ist Urgestein christlicher Tradition, und der Grund ist theologisch.

d) Gefangene

Die Sklaverei war in der alten und mittelalterlichen Welt noch nicht das Schlimmste; darunter noch standen die Kriegsgefangenen. Sie waren Kriegsbeute und es galt, diese Beute

---

[50] Hoffmann (wie Anmerk. 33), S. 18 und Reinhard Elze, Über die Sklaverei im christlichen Teil des Mittelmeerraumes (12.-15 Jahrhundert), in: Vom Elend der Handarbeit. Probleme historischer Unterschichtenforschung, hrsg. v. Hans Mommsen / Winfried Schulze (Geschichte und Gesellschaft. Bochumer Historische Studien, Bd. 24), Stuttgart 1981, S. 131-135.
[51] Gray (wie Anmerk. 38), S. 60-66.

gewinnbringend zu verkaufen; der Erlös bildete den hauptsächlichen Gewinn, den der Krieg in Aussicht stellte. Der tschechische Historiker Frantisek Graus, der seit dem Prager Frühling in der Schweiz lehrt, schrieb zuvor, 1966, damals noch unter marxistischem Vorzeichen:

> "Es wäre höchst ungerecht, das große Werk der Gefangenenfürsorge und des Loskaufes der Gefangenen durch Bischöfe und Priester schmälern zu wollen. Wenn es auch nicht richtig ist, daß *nur* die Kirche sich der Gefangenen angenommen hatte, wie öfters von katholischer Seite behauptet worden ist, so muß man doch nach einer Durchsicht der Quellen wahrheitsgemäß konstatieren, daß auf ihren Schultern die Hauptlast lag. ... und die Fürsorge des *idealen* Priesters und Bischofs erstreckt sich auf alle Gefangnen. Es ist wiederum nötig, daran zu erinnern, daß oft kein Unterschied gemacht wurde, warum sich jemand im Kerker befand, ob es sich um einen schuldigen Räuber, mißhandelten Knecht oder schuldlos verschleppten Jüngling handelte. Der *ideale* Priester sorgte unterschiedslos um sie."[52]

Nehmen wir als Beispiel Caesarius von Arles, den führenden gallischen Bischof während der ersten Hälfte des 6. Jahrhunderts.[53] Der Frankenkönig Chlodwig versuchte damals die Bischofsstadt Arles zu erobern. Bei diesen Kämpfen aber wurde Arles von Truppen, die der in Ravenna residierende Ostgoten-König Theoderich aus Italien entsandt hatte, entsetzt. Die belagernden Franken und Burgunder gerieten dabei in Gefangenschaft und wurden in die Kirchen der Stadt eingesperrt. Caesarius ging nun hin, versorgte die Gefangenen zunächst mit Lebensmitteln und Kleidung und begann sie dann loszukaufen. Er nahm dazu das Geld aus der Kirchenkasse und, als diese erschöpft war, ließ er das Silbergerät der Kirche, die Kelche

---

[52] Frantisek Graus, Die Gewalt bei den Anfängen des Feudalismus und die "Gefangenenbefreiungen" der merowingischen Hagiographie, in: Jahrbuch für Wirtschaftsgeschichte 1 (1961) S. 92-93.

[53] Das folgende nach: William Klingshirn, Charity and Power: Caesarius of Arles and the ransoming of captives in Sub-roman Gaul, in: The Journal of Roman Studies 75 (1985) S. 189 f.

und Patenen sowie andere wertvolle Metallarbeiten, einschmelzen. Im Klerus aber, der weitgehend aus der Kirchenkasse seinen Lebensunterhalt bezog, löste das Vorgehen des Bischofs Entsetzen und Protest aus, nicht nur, daß es die Feinde von gestern waren, die losgekauft wurden, diese waren obendrein auch noch Heiden. Caesarius verteidigte sich damit, daß Christus zur Erlösung der Menschen sein Leben hingegeben habe und der Gefangenenloskauf den wahren Tempel Gottes aufbaue; jeder Gefangene sei ein 'rationabilis homo sanguine Christi redemptus' (ein geisterfüllter Mensch und von Christi Blut losgekauft)[54] und durch den Loskauf würden sie von der Sklaverei wie auch von der Gefahr befreit, sich dem arianischen oder jüdischen Glauben anschließen zu müssen. Daß aber Caesarius seine Freigekauften zum katholischen Glauben gedrängt hätte oder sie auch nur -- was völlig rechtens gewesen wäre -- als abhängige Dienstleute bei sich behalten hätte, davon hören wir nichts. Die Gefangenen konnten offenbar als Freie zu den Ihren zurückkehren. Wenige Jahre später initiierte Caesarius einen weiteren Loskauf von noch größerem Ausmaß.[55] Theoderichs Truppen hatten bei ihrer Aktion 508 einen Vorstoß gegen das Burgunderreich unternommen und dabei die Einwohnerschaft von Orange als Gefangenenbeute nach Italien verschleppt. Als sich Caesarius 512 bei Theoderich in Ravenna wegen politischer Verdächtigungen rehabili-

---

[54] Vita I. 32 (Sancti Caesarii Episcopi Arelatensis Opera Omnia, hrsg. v. G. Morin, Bd. II, 1942).
Dieses Argument findet sich später auch in den Zwölf Artikeln der Bauernschaft, die den Bauernkrieg von 1525 wesentlich mitbestimmt haben. Die Kirche im Zeitalter der Reformation, hrsg. v. Heiko A. Oberman (Kirchen- und Theologiegeschichte in Quellen, Bd. III), Neukirchen-Vluyn 1981, S. 128: "Drittens ist es bisher Brauch gewesen, daß sie uns für ihre Leibeigenen gehalten haben, was zum Erbarmen ist, wenn man bedenkt, daß uns Christus alle mit seinem kostbaren Blut erlöst und erkauft hat, den Hirten ebenso wie den Höchsten, keinen ausgenommen ..."
[55] Das folgende nach: Klingshirn, (wie Anmerk. 53), S. 191.

tieren konnte, zahlte sich die wiedergewonnene Gunst auch in königlichen Geschenken aus: Caesarius erhielt einen Betrag von 300 Solidi und eine auf den gleichen Wert geschätzte Silberschüssel. Zum Entsetzen des Hofes aber versetzte er die Schüssel, nahm dazu alles Geld und kaufte damit die Einwohnerschaft von Orange frei, ja besorgte zuletzt noch Pferde und Wagen für ihre Heimkehr.

Ein Sprung in die Gegenwart macht bewußt, wie gefährlich die christliche Erinnerung werden kann, wie sehr sie uns Maßstäbe setzt: In dem Lager Stukenbrock, sozusagen im Dreieck der Bischofsstädte Paderborn, Osnabrück und Münster gelegen, sind während des Zweiten Weltkrieges 65.000 Gefangene und Zwangsarbeiter, meist russische, verhungert.[56] Insgesamt kamen von 5,7 Millionen russischen Gefangenen in deutschen Lagern 3,3 Millionen ums Leben: 57,8%.[57] Im ersten Weltkrieg betrug die Sterblichkeit russischer Gefangener in deutschen Lagern 5,4%.[58] Ich verzichte auf die Ausgleichszahl, wie viele Deutsche in sowjetischen Gefangenenlagern umgekommen sind. Üben wir uns in unausgleichen Verhältnissen.

2. Die Ehe und die Kinder

Alles ist in den Austausch eingeschlossen, sagt Marcel Mauss, auch Frauen und Kinder[59] – und das ist unser zweiter Punkt.

---

[56] Heinrich Albertz, Blumen für Stukenbrock. Biographisches, Stuttgart 1981, S. 5.
[57] Christian Streit, Keine Kameraden. Die Wehmacht und die sowjetischen Kriegsgefangenen 1941-1945 (Studien zur Zeitgeschichte, Bd. 13), Stuttgart 1978, S. 10.
[58] Ebd.
[59] Mauss (wie Anmerk. 2), S. 29.

a) der Ehe-Konsens

Im Römisch-Germanischen Museum in Köln findet sich ein Ehering mit folgender Gravur: *"amo te merito"*, was man übersetzen kann mit: "Ich liebe Dich, weil Du es verdienst" oder auch: "in dem Maße, wie Du es verdienst". Wer aber würde sich heute einen solchen Ring anstecken wollen? Dennoch, beginnt nicht längst schon ein "weil" oder "in dem Maß" in das Ehebewußtsein einzudringen, etwa: "weil und solange du attraktiv bist" oder: "weil und solange du mir von Vorteil bist"? "Wer weniger liebt als der andere", schrieb kürzlich ein anonymer Autor im Kursbuch März '87, "wird zu dessen Schuldner".[60] Gilt also auch in der Ehe "Gabe gleich Gegengabe"? Es mehren sich die Fälle, daß bei unheilbarer Krankheit des einen Partners der andere das weitere Zusammenleben aufkündigt. Aber das alles sei – so wieder unser anonymer Autor im Kursbuch – nur eine Folge des Konsensprinzips, wie es christlicherseits in die Ehe eingeführt und dann mit der Unauflöslichkeit verbunden worden sei. Heute gehe die Tendenz vom Konsens weiter in Richtung auf freie Liebe.[61]

In der Tat, das Christentum hat das Konsensprinzip durchgesetzt und übrigens auf diesem Wege die Frau erst rechtsfähig gemacht.[62] Sowohl im römischen als auch im griechischen und besonders im germanischen Recht stand ursprünglich die Ehefrau in der Hand *(in manu)* des Mannes; und nicht sie selbst hat bei der Heirat ihre Übergabe in die Hand des

---

[60] Andreas Kaplan, Bis daß der Tod ... Aus den Archiven des Jüngsten Gerichts, in: Kursbuch März 87 (1987) S. 141.
[61] Ebd., S. 135: "In der Tendenz führte damit der freie Wille zur freien Liebe, und die Exogamie wurde zur Lust am Fremden, das heißt: seine Liebe wählt man gegen den Willen der Eltern; außerhalb der eigenen Kreise; in verbotenen oder verpönten Beziehungen; im Abenteuer."
[62] Paul Mikat, Art. Ehe, in: Handwörterbuch zur deutschen Rechtsgeschichte, Bd. I, Berlin 1971, Sp. 818-819.

Mannes vollzogen, sondern ihr Geschlechtsvormund, der Vater oder Bruder.[63] Die Antike hat in einem langen Prozeß diese altertümliche Eheform praktisch weitgehend überwunden, der Frau aber deswegen im Recht kaum eine bessere Stellung eingeräumt.[64] Wenn Ehe Partnerschaft werden sollte — und christlicherseits wurde sie bevorzugt *pactio* genannt —,[65] mußte die Stellung der Frau rechtlich gehoben und ihr Selbständigkeit zuerkannt werden.[66] Darum dann der christliche Satz: una lex de viris et de feminis.[67] Daraus ergaben sich zwei Konsequenzen: War es dem Mann im römischen,[68] griechischen[69] und germanischen[70] Recht erlaubt gewesen, ein Nebenverhält-

---

[63] Mikat charakterisiert die Stellung der Frau bei Abschluß der sog. Muntehe, der Eheschließung basierend auf Vertrag "mit den sippen- oder familienrechtlichen Gewalthabern der Braut" (Ebd., Sp. 810-811): "Die Braut selbst blieb auf Grund der fortbestehenden Geschlechtsvormundschaft ... bloßes Objekt des Vertrages, auf ihre Zustimmung kam es rechtlich nicht an, auch wenn man nicht selten auf ihre Wünsche Rücksicht genommen haben wird. Als die Rechtsgemeinschaft der Sippe zugunsten der patriarchalischen Hausgemeinschaft zerfiel und die Frauen unter die besondere Munt des Hausherrn kamen, wurde der Abschluß des Ehevertrages allmählich zum ausschließlichen Recht (Verlobungsrecht) des Muntwaltes, also regelmäßig des Vaters oder — wenn dieser nicht mehr lebte — der Brüder ...".

[64] Jean Gaudemet, Le mariage en droit romain: justum matrimonium, in; ders., Sociétés et mariage, Strasbourg 1980, S. 46-103.

[65] G. Delling, Art. Eheschließung, in: Reallexikon für Antike und Christentum, Bd. IV, Stuttgart 1959, Sp. 728.

[66] Jean Gaudemet, Art. Familie I (Familienrecht), in: Reallexikon für Antike und Christentum, Bd. VII, Stuttgart 1969, Sp. 348 ff.

[67] Pippini capitularia, Decretum Compendiense 757, in: MGH Leg. II, Cap. Reg. Franc. I, S. 38.

[68] Max Kaser, Das römische Privatrecht, Erster Abschnitt: Das altrömische, das vorklassische und klassische Recht (Handbuch der Altertumswissenschaft, X. Abt., III. Teil, Bd. III, 1. Abschnitt), München 1955, S. 281.

[69] G. Delling, Art. Ehebruch, in: Reallexikon für Antike und Christentum, Bd. IV, Stuttgart 1959, Sp. 670-671.

[70] R. Schulze, Art. Ehebruch, in: Reallexikon der germanischen Alter-

nis zu unterhalten, so galt für die Frau genau das Gegenteil; sie mußte im Falle eines Ehebruchs verstoßen oder gar getötet werden. Das christliche "ein Gesetz für Mann und Frau" bewirkte, daß der Mann sich an dieselbe Treue binden mußte, wie sie auch für die Frau galt.[71] Weiter, wie der Mann schon früh über die Wahl seiner Frau entscheiden konnte, so allmählich auch die Frau. Nur so wurde überhaupt ermöglicht, sinnvoll den aus dem römischen Recht übernommenen Grundsatz zu realisieren: consensus facit nuptias.[72]

Die Bedeutung des Konsensus als des wesentlichen ehebegründenden Faktors hob — nach dem Untergang der Antike — nachdrücklich erst Papst Nikolaus I. (+867) wieder ins Bewußtsein: Wenn derselbe fehle, sei alles andere, selbst die eheliche

---

tumskunde, Bd. 6, 2., völlig neu bearb. u. stark erweiterte Aufl., Berlin-New York 1986, S. 482: "Zu den allgemeinen Kennzeichen [der verschiedenen germanischen Eheformen] dürfte aber gehören, daß dem Ehemann stets die Hausgewalt zustand ... und daß die Frau ihm zu geschlechtlicher Treue verpflichtet war. Anders als im kanonischen Recht bestand eine entsprechende Treuepflicht des Mannes nicht."

[71] Jean Gaudemet, Droit romain et principes canoniques en matière de mariages au Bas-Empire, in: ders., Sociétés et mariage, Strasbourg 1980, S. 135-136: "La réciprocité de la fidélité conjugale marquait une rupture profonde avec les moeurs antiques. ... De ces concepts nouveaux, apports du christianisme ou de l'évolution des moeurs, le droit romain ne tira que des conséquences modestes. La répression pénale n'atteignit jamais l'adultère du mari."

Delling (wie Anmerk. 69), Sp. 666: "Ehebruch ist in der alten Welt ursprünglich der Einbruch eines Mannes in eine fremde Ehe bzw. der Ausbruch der Frau aus der eigenen; er verletzt das Verfügungsrecht des Ehemannes über die Ehefrau. Diese Auffassung entspricht dem ersten Zweck der legitimen Ehe, rechtlich anerkannte Kinder zu erzeugen. Allerdings zeigt sich bald daneben ein Verständnis des Ehebruchs als Verletzung der Würde der Ehefrau und eine Auffassung der Ehe als Personengemeinschaft zwischen Mann und Frau, die durch das Ausbrechen auch des Mannes aus der Ehe gestört wird. Normative Bedeutung hat diese letzte Auffassung jedoch außerhalb des Christentums nur in beschränktem Umfang gewonnen."

[72] Mikat (wie Anmerk. 62), Sp. 819.

Vereinigung, hinfällig. In einem berühmten Fall hat der Papst diese Anschauung auch zur Anwendung gebracht, und zwar bei der Ehe von Karls des Kahlen Tochter Judith mit dem Grafen Balduin von Flandern.[73] Judith war 856, damals allerhöchstens 13 Jahre alt, mit dem 50jährigen (!) König Ethelwulf von Wessex verheiratet worden.[74] Aber schon zwei Jahre später starb Ethelwulf, und nun nahm sein Sohn Ethelbald die junge Witwe zur Frau, was allem Kirchenrecht widersprach, aber offenbar keine weitere Kritik hervorrief. Doch auch Ethelbald starb nach zwei Jahren, woraufhin Judith ins Frankenreich

---

[73] Das folgende nach Edith Ennen, Frauen im Mittelalter, München 1984, S. 59-62.

[74] Das ungleiche Heiratsalter war für das Mittelalter durchaus üblich. Darauf weist Hans K. Schulze, Grundstrukturen der Verfassung im Mittelalter, Bd. II: Familie, Sippe und Geschlecht, Haus und Hof, Dorf und Mark, Burg, Pfalz und Königshof, Stadt, Stuttgart 1986, S. 26, hin: "In der Regel war die Ehefrau einige Jahre jünger als der Ehemann. Die Sitte einer raschen Wiederverheiratung nach dem Tode eines Ehegatten führte oft zu großen Altersunterschieden. Der Witwer nahm gern eine junge Frau, die Meisterswitwe ehelichte einen jungen Gesellen, dem sich durch die Einheirat der Zugang zur Zunft und zur Meisterwürde eröffnete. Auch im Adel kamen Verbindungen zwischen Partnern mit großem Altersunterschied vor. Meist waren die Frauen jünger, doch wenn eine gute Erbschaft lockte, mußte auch ein Fürstensohn einmal eine wesentlich ältere Braut heimführen."
Selbst eine Untersuchung bezüglich des Heiratsalters bei Erst-Ehen, die Arthur E. Imhof, Die verlorenen Welten. Alltagsbewältigung durch unsere Vorfahren – und weshalb wir uns heute so schwer damit tun, München 1984, S. 57-59, am Beispiel eines hessischen Dorfes für den Zeitraum von 1691 bis 1900 durchgeführt hat, kommt zu dem Ergebnis, daß wir "zu Beginn des Zeitraums noch sehr zahlreiche Ehen mit einem beträchtlichen Altersabstand zwischen den Partnern vorfinden, wobei einmal die Braut, ein andermal der Bräutigam jünger war. 'Ungleiche Paare', wie sie der deutsche Maler Wilhelm Leibl (1844-1900) vor hundert Jahren unter der bayerischen Landbevölkerung mehrfach dargestellt hat ..., gab es damals zu Hauf. Heute bilden sie die Ausnahme. Zu munkeln über diese Selbstverständlichkeiten gab es seinerzeit überhaupt nichts. Man konnte nichts Ominöses dabei finden."

zurückkehrte. Hier ließ sie sich dann im Frühjahr 862 von dem flandrischen Grafen Balduin entführen. Das Hofgericht Karls des Kahlen erklärte den Grafen wegen Frauenraubs seiner Lehen verlustig, während die Bischöfe die beiden, Balduin wie Judith, exkommunizierten. Die Verurteilten gingen nicht, wie allgemein erwartet, zu den normannischen Reichsfeinden, sondern nach Rom zu Papst Nikolaus I. Dieser ließ sich von Judith überzeugen, daß sie den Grafen 'über alles liebte' und bei ihm zu bleiben entschlossen war. Für Nikolaus war dies ausschlaggebend; er erkannte die Ehe an und wußte auch Karl den Kahlen zum Einlenken zu veranlassen.

Die Herausstellung des Konsenses als des für den Eheabschluß entscheidenden Momentes wurde dann das große Thema des 12. und 13. Jahrhunderts. Theoretisch wurde das Konsensprinzip im 12. Jahrhundert als Lehre der Kirche voll ausformuliert,[75] praktisch aber erst im 19. Jahrhundert allgemein durchgesetzt.[76] Im Lexikon des Mittelalters heißt es dazu: Der Klerus mußte den kirchlichen Segen zu allen Eheschließungen geben, die "gestützt auf einen freien Willensentschluß der Ehepartner" oder auch "ohne das Einvernehmen und nötigenfalls auch gegen den ausdrücklichen Willen der Eltern stattfanden".[77] Dies aber hatte wichtige Folgen, denn "die Eltern begegneten der von der Kirche proklamierten Freiheit bei der Wahl des Ehegatten oft mit anhaltendem Widerstand. Im Mittelalter war die Ehe eine der wenigen Möglichkeiten der Eman-

---

[75] Hans Zeimentz, Ehe nach der Lehre der Frühscholastik. Eine moralgeschichtliche Untersuchung zur Anthropologie und Theologie der Ehe in der Schule Anselms von Laon und Wilhelms von Champeaux, bei Hugo von St. Viktor, Walter von Mortagne und Petrus Lombardus (Moraltheologische Studien. Historische Abteilung, Bd. 1), Düsseldorf 1973, S. 111 ff.

[76] Thomas Nipperdey, Deutsche Geschichte 1800-1866. Bürgerwelt und starker Staat, München ²1984, S. 116-117.

[77] W. Prevenier / Th. de Hemptinne, Art. Ehe in der Gesellschaft des Mittelalters, in: Lexikon des Mittelalters, Bd. III, München-Zürich 1986, Sp. 1636.

zipation. Dies veranlaßte die Eltern vielfach zu verzweifelten Versuchen, gegen ihren Willen geplante Eheschließungen zu verhindern. Da dies nach kanonischem Recht unmöglich war, nahmen die Eltern ihre Zuflucht zur Verweigerung der Mitgift oder zur Enterbung".[78] Und noch ein verzeichnenswertes Nebenergebnis dieses Prozesses: Das Heiratsalter wurde für die Frau heraufgesetzt. Im Mittelater galten Mädchen im Alter von 14-15 Jahren als heiratsfähig.[79] So war Karls des Großen zweite Frau bei der Heirat dreizehn Jahre alt und sie gebar noch in ihrem vierzehnten Lebensjahr einen Sohn.[80] Lucrezia Borgia gab vierzehnjährig ihrem Vater, Alexander VI., amouröse Ratschlage.[81] Marie Antoinette war fünfzehn Jahre alt, als sie Ludwig XVI. angetraut wurde.[82] Sofern die Bedeutung des Konsenses herausgehoben werden sollte, mußte auf Personenreife beim Eheabschluß geachtet werden. Im Sinne des Konsenses gab es darum Bestrebungen, das Heiratsalter heraufzusetzen. Thomas Morus beispielsweise sagt in seiner Utopie: Die Frau solle mindestens achtzehn Jahre alt sein, und – bemerkenswert genug – vor der Heirat sollten sich der Freier und das Mädchen nackt sehen, denn schließlich "bilden körperliche Reize eine nicht unwesentliche Zugabe zu den geistigen Vorzügen".[83]

---

[78] Ebd.
[79] Schulze (wie Anmerk. 74), S. 26.
[80] Siegmund Hellmann, Die Heiraten der Karolinger, in: ders., Ausgewählte Abhandlungen zur Historiographie und Geistesgeschichte des Mittelalters, hrsg. v. Helmut Beumann, Darmstadt 1966, S. 333.
[81] Susanne Schüller-Piroli, Die Borgia Päpste Kalixt III. und Alexander VI., Wien 1979, S. 227.
[82] Eberhard Weis, Fankreich von 1661 bis 1789, in: Handbuch der europäischen Geschichte, hrsg. v. Theodor Schieder, Bd. 4, Stuttgart 1968, S. 241.
[83] Thomas Morus, Utopia, übers. v. Gerhard Ritter, Einleitung v. Hermann Oncken, Darmstadt 1973, S. 81-82.

b) Kind

Seit jeher galt im Christentum das besondere Engagement dem Kind. Erlaubt war weder die Abtreibung noch die Aussetzung,[84] was beides in der Antike wie in der Germanenwelt mehr oder weniger selbstverständlich praktiziert wurde und in bestimmten Fällen auch rechtlich erlaubt war.[85] Die heutige Emanzipationsbewegung muß sich daraufhin befragen lassen, wie sie zum Kind steht. Im Kursbuch März '87 lauten die Artikel-Überschriften: "Schnittmuster", "Trennungsvoyeurismus", "Drum prüfe, wer sich ewig bindet. Praktische Anleitung zur kostengünstigsten Scheidung", "Schnelles Rentier oder zäher Wolf", "Die Kunst des Seitensprungs", "Bis zum Happy End", "Wenn an der Ecke schon ein andrer steht", "Uns trennen Welten. Verwunderungen eines nie Geschiedenen", "Bis daß der Tod ... Aus den Archiven des Jüngsten Gerichts", "'Eine Frau ist wie ein Schatten'. Scheidung auf Afrikanisch", "In Sachen Meyer gegen Meyer. Rechtsfälle aus dem Scheidungsalltag".[86] Zum Kind – nichts. Am Kind aber wird uns am ersten einsichtig, daß die Bereitschaft, auch unausgeglichene Verhältnisse hinzunehmen, menschlich notwendig ist: Hans Jonas sieht in der Sorge der Eltern für die Kinder überhaupt die Quelle der Verantworung, und zwar eine Verantwortung in "nicht-reziproker" Weise, eine Verantwortung also ohne direkte "Zurückzahlung": "Nun gibt es schon in der herkömmlichen Moral *einen* (selbst den Beschauer tief bewegenden) Fall elementarer *nicht-reziproker* Verantwortung und Pflicht, die spontan anerkannt und praktiziert wird: die gegen die *Kinder,* die man gezeugt hat, und die ohne die Fort-

---

[84] Gaudemet (wie Anmerk. 66) Sp. 350-351 und Klaus Arnold, Kind und Gesellschaft in Mittelalter und Renaissance. Beiträge und Texte zur Geschichte der Kindheit (Sammlung Zebra, Reihe B, Bd. 2), Paderborn-München 1980, S. 54.
[85] Arnold (wie Anmerk. 84), S. 44-46.
[86] Kursbuch 87 (1987), Klappendeckel.

setzung der Zeugung in Vor- und Fürsorge zugrunde gehen müßten. Zwar mag man für sein Alter von ihnen eine Gegenleistung für die aufgewandte Liebe und Mühe erwarten, aber dies ist gewiß nicht die Bedingung dafür, und noch weniger für die Verantwortung, die man für sie anerkennt und die vielmehr bedingungslos ist."[87]

Das Problem der Unausgeglichenheit stellt sich des weiteren im Blick auf die Alten. Kürzlich war in einer Pressenotiz zu lesen, daß die Zahl der Selbstmorde bei 65-75jährigen fast doppelt so hoch ist wie bei den Jüngeren. Die Gründe werden im Verlust von Beruf und Lebenssinn gesehen, am meisten aber im Abbrechen der sozialen Beziehungen, im Fehlen von Intimität und Nähe.[88] Menschen gehen daran zugrunde, daß sie sich als unnütz erleben. Oder muß man es andersherum sehen: Warum ist es so schwer, vom Geschenkten zu leben? Kann man sich nichts schenken lassen?

Was hier wiederum klar wird: Sobald der Wert eines Menschen an seiner Nützlichkeit bemessen wird, nimmt man ihm die Menschenwürde. Wer Menschenwürde aufrecht erhalten will, muß dafür zahlen — auch ohne die Hoffnung auf Rückerstattung. Gabe und Gegengabe sind hier kein Maßstab mehr.

3. Krieg und Frieden

Jesu "Ihr aber" nennt zuletzt auch den Feind. Unsere germanische Spruchdichtung ist wiederum knapp und klar: Äußerlich mag es freundlich, ja lächelnd abgehen, in Wirklichkeit gilt: Sprich freundlich, doch sinne Falsches; vergilt Täuschung mit Trug. Auch hier wiederum: Gabe sei der Gabe gleich. Wie anders die Bergpredigt: Ihr aber leistet keinen Widerstand; haltet zusätzlich zur rechten auch die linke Wan-

---

[87] Jonas (wie Anmerk. 32), S. 85.
[88] FAZ, Frankfurt, Nr. 219 vom 22. Sept. 1987, S. 9.

ge hin; laß, wenn man das Hemd nehmen will, auch den Mantel; geh, wenn einer dich zu einer Meile zwingt, zwei Meilen.

Erneut ist es die Bereitschaft, unausgeglichene Tatbestände hinzunehmen bzw. bewußt herbeizuführen, auch wenn diese für einen selbst nachteilig oder gar gefährlich werden können. Aber nur erst so wird eine neue Dimension der Liebe möglich: "Ich aber sage euch: Liebet eure Feinde" (Mt 5,44). Es ist der Verzicht auf Vergeltung, auf das 'wie er mir, so ich ihm'. Jesus fordert das Abstandnehmen von der Talion,[89] den Verzicht auf das älteste Rechtsprinzip, das Menschen aufgebaut haben. Denn ursprünglich, so sagt Niklas Luhmann, war die "Rache zunächst und 'mit Recht' maßlos".[90] In der Bibel zeugt noch das Lamech-Lied von dieser Maßlosigkeit: "Einen Mann erschlage ich für eine Wunde und einen Knaben für einen Strieme" (Gen 4,23).[91] Demgegenüber ist die Talion, das 'Auge um Auge', 'Zahn um Zahn', so schrecklich es uns klingen mag, eine wesentliche, weil humanisierende Milderung. Die Mäßigung der Vergeltung "durch das Prinzip der Talion, durch genau tarifierte Bußkataloge und dergleichen ist eine kulturelle Errungenschaft spätarchaischer Gesellschaften, ist eine wesentliche Voraussetzung für eine stärkere Differenzie-

---

[89] Das Wort "Talion" leitet sich bekanntlich von talis-qualis ab.
[90] Niklas Luhmann, Rechtssoziologie, Bd. I (rororo Studium: Rechtswissenschaften), Reinbek 1972, S. 155: "Vergeltung ist die elementare, nahezu voraussetzungslos institutionalisierbare zeitlich-sachlich-soziale Generalisierung des Rechts; sie ist gleichsam das zuerst einfallende Rechtsprinzip."
[91] Das erste Buch Mose. Genesis, übers. u. erklärt v. Gerhard von Rad (Das Alte Testament deutsch, Bd. 2,4), Göttingen 1972, S. 82: "Das Lamechlied ist der dritte Einschnitt in der Urgeschichte, den der Erzähler hervorhebt. Es ist eine Geschichte des Anwachsens der Sünde und damit Hand in Hand gehend, einer immer tieferen Zerstörung der ursprünglichen Lebensordnungen. Sündenfall, Brudermord, – nun wird die Ausübung der Rache (die sich Gott vorbehalten hat!) vom Menschen beansprucht; sie wird ganz maßlos, und der Mensch brüstet sich dessen gar."

rung des Normgefüges".⁹² Allerdings führt die Talion bei Tötungen zu einer meist nicht endenden Kette weiterer Tötungen, zu einem Krieg ohne Ende.⁹³ Das Leben der Germanen beispielsweise auf Island, wie es in den Sagas berichtet wird, war gänzlich vom Rachegedanken bestimmt.⁹⁴ Wer das Ende will, muß nachgeben und auf eine entsprechende Rachebefriedigung verzichten. Das heißt: wiederum muß er bereit sein, unabgegoltene Verhältnisse hinzunehmen.

Kann man diese Feindesliebe auf unsere Welt projizieren? Heißt das zum Beispiel einseitige Abrüstung? Ich möchte darauf, mindestens zunächst einmal, auf einem Umweg antworten und nehme dabei ein gewiß provozierendes Stichwort zu Hilfe, das Wort vom "starken Staat", mit dem Thomas Nipperdey seine "Deutsche Geschichte von 1800-1866" überschrieben hat.⁹⁵ Der moderne Staat hat sich dadurch konstituiert, daß er ein Gewaltmonopol durchgesetzt hat. Norbert Elias hat diesen "Prozeß der Zivilisation" eindruckvoll beschrieben.⁹⁶ In der europäischen Neuzeit hat der Staat dem Bürger die Waffen aus der Hand genommen oder zumindest ihm das Recht

---

[92] Luhmann (wie Anmerk. 90), S. 155.
[93] Das Nibelungen-Lied gibt davon Zeugnis.
[94] Jan de Vries, Die geistige Welt der Germanen, Darmstadt ³1964, S. 55-56: "So tief war die Rachepflicht in die Seele jener Geschlechter eingeprägt, daß man ohne sie kein ehrenvolles Dasein führen konnte. ... Es sind gerade die Frauen, die auf der Vollstreckung der Blutrache am heftigsten bestehen. Gern wird erzählt, daß die Mutter oder die Gattin des Ermordeten die Waffe, mit der die Tat verübt wurde, oder den blutdurchnäßten Mantel vorzeigt, damit ein Mann, der mit der Rache zögert, dazu aufgestachelt werde. ... Die Isländersaga zeigt uns unmißverständlich, daß auch in den Bauerngeschlechtern das Gefühl der Rachepflicht übermächtig gelebt hat."
[95] vgl. Anmerk. 76.
[96] Norbert Elias, Über den Prozeß der Zivilisation. Soziogenetische und psychogenetische Untersuchungen, Bd. I: Wandlungen des Verhaltens in den weltlichen Oberschichten des Abendlandes, Bd. II: Wandlungen der Gesellschaft. Entwurf zu einer Theorie der Zivilisation, Frankfurt/M. 1976, S. 123-279.

abgesprochen, sich selber mit Waffen das Recht zu holen. Der Staat hat dafür im Gegenzug ein Gerichtswesen aufgebaut, das dem Bürger sein Recht garantiert oder doch garantieren will. Zum Beispiel: Wenn uns in einem Verkehrsunfall unverschuldeterweise Schaden zugefügt wird, sorgen normalerweise die Staatsorgane dafür, daß wir unseren Schadenersatz erhalten; niemand braucht sich den ihm zugefügten Schaden unter Gewaltanwendung von seinem Kontrahenten zurückzuholen. Wie aber sah das in den sogenannten "vorstaatlichen" Zeiten aus? Dort war der einzelne auf sich allein gestellt. Hilfe boten nicht die Staatsorgane, sondern die eigene Familie, der Clan. Ein Mensch, der auf sich allein gestellt war und sich nicht zu wehren vermochte, war verloren.

Denn welche Gefahren und Angst hatte ein Mann auszustehen, der allein und ohne Waffen unterwegs war! Von den Klerikern aber und ganz strikt von den Mönchen hat die kirchliche Tradition immer verlangt, waffenlos zu leben. Über den Mönch Sturmi, der im Auftrag seines geistlichen Meisters Bonifatius auf der Suche nach einem Klosterort war und dabei das heutige Fulda ausfindig machte, ist ein für uns höchst illustrativer Bericht überliefert:

"So zog der Mann Gottes allein durch die schreckliche Wüste. Außer Tieren, deren es dort eine ungeheure Menge gab, und dem Flug von Vögeln und ungeheuren Bäumen und außer wilden, einsamen Gegenden sah er nichts. Am vierten Tag endrlich kam er an der Stelle vorbei, wo jetzt das Kloster liegt, doch zog er weiter hinauf, wo ein Bach, der Gysalaha heißt, sich mit dem Fuldafluß vereinigt. Noch ein wenig höher ziehend kam er nach Sonnenuntergang an den Pfad, der mit (seinem) alten Namen Ortesveca genannt wurde; dort wollte er sich und seinen Esel gegen nächtliche Überfälle sichern. Als er sich daran machte, durch eine Umzäunung einen Schutz für die Nacht zu errichten, hörte er in der Ferne das Geräusch von Wasser, doch wußte er nicht, ob es durch wilde Tiere oder einen Menschen verursacht wurde. Still stehend horchte er mit aufmerksamem Ohr und hörte wiederum das Geräusch von Wasser. Da jedoch der Mann Gottes nicht rufen wollte, schlug er mit dem Eisen, das er in seiner Hand hielt, an einen hohlen Baum, denn er erkannte, daß es ein Mensch sei durch Gottes

Fügung. Als jener das Geräusch des Schlagenden vernahm, rief er laut und kam näher dorthin. Als er herangekommen war und sie sich sahen, grüßten sie einander."[97]

Sturmi kam mit dem Fremden rasch freundschaftlich überein. Aber hätte er nicht ebensogut – zum Beispiel wegen seines silbernen oder goldenen Meßkelches – ausgeplündert, erschlagen und verscharrt werden können, ohne daß je eine Fahndung oder Bestrafung eingeleitet worden wäre? Das war die mittelalterliche Situation. Hier ohne kampfbereite Selbstverteidigung und ohne Gefolgschaft auskommen zu wollen, hieß geradezu ständig sein Leben riskieren. Darum dann die allgegenwärtige Kampfbereitschaft. Aber wie hätte man es ohne Selbstverteidigung und Rachebereitschaft anders machen können?

Der moderne Staat hingegen besitzt eine Fülle von Einrichtungen, um das – in der Demokratie mittels der Wahlen wenigstens indirekt von allen mitgesetzte – Recht zur Anwendung zu bringen wie auch Rechtsbrecher zu belangen und zu bestrafen: Gerichte, Staatsanwaltschaft, Kriminalpolizei, Fahndungsbücher, Gefängnisse. Aber das alles sind Einrichtungen, die erst verhältnismäßig jungen Datums sind, weil vorher gar nicht die zivilisatorischen Mittel zur Verfügung standen, etwa ein Polizeiapparat oder die Ausbildung und Unterhaltung eines Justizapparates, ja nicht einmal Papier für die anfallende Verwaltungstätigkeit. Rechtsstaatlichkeit ist nur in zivilisatorischen Höchst- und Spätstufen möglich. Darum mußte man sich vorher mit der Talion begnügen. Der Vorteil des modernen Staates ist sein Gewaltmonopol, weil es den einzelnen von der Privatrache und der steten Selbstverteidigung entlastet. Die Christen haben es darum immer mit dem Staat gehalten; sie mußten es wegen des ihnen auferlegten Racheverzichtes. Zugleich ist aber auch die Gefahr des modernen Staates zu be-

---

[97] Eigil, Das Leben des Abtes Sturmi, übers. v. Pius Engelbert, in: Fuldaer Geschichtsblätter. Zeitschrift des Fuldaer Geschichtsvereins 56 (1980) S. 27.

nennen; es ist wiederum sein Gewaltmonopol. Denn wer kann sich da noch gegen staatliche Allmächtigkeit wehren? Nur: ohne das Gewaltmonopol ist der Frieden nicht zu haben. Dabei muß das Gewaltmonopol so stark sein, daß der Staat jeden, auch den Stärksten, vor Gericht zwingen und zur Annahme des Urteils veranlassen kann; das heißt, die Staatsmacht muß im eigenen Bereich jeder anderen Macht überlegen sein. Die Lösung ist der Rechtsstaat: das vom Recht kontrollierte und disziplinierte Gewaltmonopol. Die moderne staatliche Verfassungsgeschichte besteht im Grunde darin, das staatliche Gewaltmonopol möglichst lückenlos an das Recht zu binden und die Rechtskontrolle über die Gewalt der Staatsorgane immer weiter zu intensivieren, nicht aber darin, das Gewaltmonopol aufzulösen. Der Vorteil ist evident: Der Krieg aller gegen alle erledigt sich. Es entsteht ein Friedensraum, und Rache kann man sich sparen. Das Ergebnis ist gerade in christlicher Hinsicht höchst belangvoll: Durch strukturelle Veränderung wird eine gegenüber der eigenmächtigen Rachejustiz erheblich leichtere Befolgung des neutestamentlichen Racheverzichtes möglich. Dieser ganze Prozeß macht übrigens auch deutlich, daß das Christentum in seinen wesentlichen Forderungen durchaus abhängig ist von sozialen Strukturen, ja selbst von materiellen und zivilisatorischen Voraussetzungen.

Weiter bringt dieser binnenstaatliche Frieden noch einen anderen höchst bedeutsamen Effekt zustande: Der moderne Staat mit seinen inneren Friedensräumen schafft eine Selbstverständlichkeit des friedlichen Auskommens; man gewöhnt sich sozusagen an ein friedlich-schiedliches Zusammenleben. Historisch sind hier frappierende Einsichten möglich. Der heilige Franz von Assisi erfuhr bekanntlich seine Bekehrung auf einem Kriegszug seiner Stadt Assisi gegen Perugia.[98] Die Städte Freiburg und Hildesheim haben im Mittelalter benach-

---

[98] Raoul Manselli, Franziskus. Der solidarische Bruder, Zürich-Einsiedeln-Köln 1984, S. 54-55.

barte Konkurrenzstädte überfallen und – bis heute – vom Erdboden verschwinden lassen.[99] Käme es heute noch den Bewohnern einer Stadt in den Sinn, den Konflikt mit Nachbarstädten kriegerisch zu lösen? Unsinnige Frage! Das heißt aber: Wo einmal Friedensräume geschaffen sind und ein einigermaßen gut und gerecht funktionierendes Gerichtssystem aufgebaut ist, wird der Krieg unvorstellbar. Darum heute die Forderung: Es muß ein Weltgerichtshof kommen, der die politischen Probleme verbindlich entscheidet. Das Problem ist nur, wie gleichzeitig eine Machtkonzentration aufgebaut werden kann, die jedem, der sich widersetzen will, überlegen ist und doch nicht diktatorisch wird. Dies zu erreichen, ist unser größtes Problem.[100] Aber wie es dem einzelnen inzwischen selbstverständlich ist, auf eigenmächtige Gewalt zu verzichten, so müssen

---

[99] Handbuch der historischen Stätten Deutschlands, Bd. II: Niedersachsen und Bremen, 2. verb. Aufl., Stuttgart 1960, S. 196, 283 und Bd. VI: Baden-Württemberg, Stuttgart 1965, S. 182-183.

[100] Ernst Tugendhat, Überlegungen zum Dritten Weltkrieg. Philosophische Gedanken zu einem unphilosophischen Thema, in: Die Zeit, Hamburg, Nr. 49 vom 27. Nov. 1987, S. 76-77 hält es für "ziemlich unwahrscheinlich, daß die Menschheit noch lange überleben kann, wenn das gegenwärtige System souveräner Staaten fortbesteht. Da die Welt wirtschaftlich und ökologisch heute eine *interdependente* Einheit bildet, ist die Fortsetzung eines politischen Systems der *Independenz* souveräner Staaten ein Anachronismus. Er scheint wirtschaftlich, ökologisch und militärisch zur Katastrophe zu führen." Deshalb fordert Tugendhat die "Ersetzung des heutigen politischen Systems durch einen Weltstaat oder eine Weltföderation." Er kommt zu einem geradezu bestürzend skeptischen Fazit: Nach seiner Meinung ist die "freiwillige Realisierung eines Weltstaates unwahrscheinlich ..., weil alle wichtigen Kontrahenten auf ihre Macht freiwillig verzichten müßten". Deshalb "gibt es nur die andere Möglichkeit, daß ein Weltstaat durch gewaltsame Machtdurchsetzung einer Seite und die Unterwerfung der anderen, also durch Krieg realisiert wird." An Krieg wagt heute niemand mehr, selbstverständlich auch Tugendhat nicht, zu denken. Zu fragen etwa wäre, ob nicht beispielsweise das friedlich vollzogene Bündnis der europäischen Staaten als ein erfolgreicher Souveränitätsabbau gedeutet werden kann.

auch die Staaten unserer Welt auf eigenmächtige Gewaltdurchsetzung verzichten lernen und sich einem überstaatlichen und übernationalen Gerichtsspruch unterwerfen. Die Einsicht, den Krieg durch Gerichtsbarkeit zu ersetzen, ist ein alter Traum der Gelehrten und immer auch ein Programmpunkt des Christentums gewesen. Päpste von Leo XIII. bis zur Gegenwart haben es nachdrücklichst gefordert.[101]

Wie es für uns inzwischen selbstverständlich geworden ist, innerhalb des Staates die Konflikte friedlich, rational, eben durch Gerichtsspruch auszutragen und dadurch den alltäglichen Krieg zu beenden, so muß der nächste Schritt sein, dieses auf Weltebene herzustellen. Wie früher jeder einzelne sein

---

[101] In seiner Weihnachtsbotschaft 1944 setzt sich Pius XII. für die Errichtung einer überstaatlichen Institution ein, die die Friedenssicherung zum Ziel hat (Texte zur katholischen Soziallehre. Die sozialen Rundschreiben der Päpste und andere kirchliche Dokumente, hrsg. vom Bundesverband der Katholischen Arbeitnehmer-Bewegung Deutschlands, Kevelaer ³1976, S. 176-177): "Die Beschlüsse, die von den internationalen Kommissionen angenommen und bis jetzt bekannt geworden sind, lassen erwarten, daß ein wesentlicher Punkt jeder zukünftigen Weltorganisation die Bildung eines Organs sein wird, das den Frieden aufrecht erhalten soll; eines Organs, das durch gemeinsamen Beschluß mit einer höchsten Autorität ausgerüstet ist und das auch die Aufgabe hat, jede Angriffsdrohung im Keime zu ersticken. Niemand kann diese Entwicklung mit größerer Freude begrüßen als derjenige, der schon seit langer Zeit den Grundsatz vertreten hat, daß die Theorie vom Kriege als dem geeigneten und angebrachten Mittel, internationale Konflikte zu lösen, von nun an überlebt sei."
Auch Johannes XXIII. forderte 1963 in "Pacem in terris" (137) (Ebd, S. 308): "Da aber heute das allgemeine Wohl der Völker Fragen aufwirft, die alle Nationen der Welt betreffen, und da diese Fragen nur durch eine politische Gewalt geklärt werden können, deren Macht und Organisation und deren Mittel einen dementsprechenden Umfang haben müssen, deren Wirksamkeit sich somit über den ganzen Erdkreis erstrecken muß, so folgt um der sittlichen Ordnung willen zwingend, daß eine universale politische Ordnung eingesetzt werden muß."

Recht eigenmächtig holte und dabei allzu oft der Stärkere und der Verschlagenere siegte, so ist es heute noch unter den Staaten, und das muß aufhören. Was kommen muß, ist die Weltinnenpolitik, ein Zusammengehörigkeitsgefühl der Menschen aller Staaten, in der ein Krieg unvorstellbar wird, so unvorstellbar wie heute ein Krieg zwischen Deutschen und Franzosen, der aber vor 50 Jahren noch als "normal" empfunden wurde. Wie wir die nationalen Feindschaften, z.B. die viel beschworene Erbfeindschaft zwischen Deutschland und Frankreich überwunden haben, so müssen wir in einem weiteren Schritt auch den Sozialkampf mit seinen Feindbildern und seinen vorgeblich "objektiv" gegebenen Klassenkampf überwinden. Der Berliner Historiker Hagen Schulze hat die gesellschaftliche Kampfstimmung im Zwischenkriegs-Deutschland einmal folgendermaßen umschrieben: "Daß der Mensch nicht auf Frieden angelegt sei, galt durch alle gesellschaftlichen und politischen Gruppierungen hindurch als ausgemacht, ob dieser Grundsatz nun in der marxistischen Vorstellung des Klassenkampfs, der völkisch-nationalistischen Idee des ewigen Antagonismus der Nationen oder der neu aufkommenden Ideologie des Kampfs zwischen den Rassen lag."[102] Wie in den Auseinandersetzungen der Staaten hoffentlich bald ein Weltgericht entscheidet, so muß an die Stelle der Sozialkämpfe das Sozialgericht treten, und das nicht nur in den einzelnen Ländern, sondern auf Weltebene. Die großen Kriege unseres Jahrhunderts sind sachlich wie emotionell mit der Erkämpfung von Rohstoffquellen und Absatzmärkten begründet worden. Das ist nichts anderes als primitives Raubrittertum, das Recht des Stärkeren auch im Wirtschaftlichen. Zu den christlichen Utopien gehört als Fernziel, daß die Verteilung der Weltgüter nicht mehr im Kampf, sondern im schiedsrichterlichen, sachlichen Ausgleich erfolgt.

---

[102] Hagen Schulze, Weimar. Deutschland 1917-1933 (Die Deutschen und ihre Nation, Bd. 4), Berlin 1982, S. 337.

Aber all dies zu erreichen – die Beendigung von Hunger und Armut, die Anhebung des Lebensstandards der Armen und Entrechteten, ja selbst die Liebe zwischen Ehepartnern wie zwischen Eltern und Kindern, wie endlich die Befestigung des Friedens in der Welt –, dazu wird es notwendig sein, vom System der totalen Ausgleichsleistungen abzurücken, das Gesetz des Ausgleichs aufzugeben. Es müssen immer mehr Menschen bereit sein, auch ohne Gegengabe Freundschaft zu üben und selbst bei eigenem Nachteil Menschlichkeit zu praktizieren. Der Begriff Menschenwürde besagt, daß jeder Mensch Würde besitzt. Viele, ja die Mehrzahl der heutigen Menschen, befinden sich in einer Situation, in der sie durch eigene Leistungen ihre Würde nicht darzustellen vermögen; sie können sich wirtschaftlich und bildungsmäßig nicht so "attraktiv" machen, daß sie als gleichrangige Partner im Weltgeschehen aufzutreten vermögen. Sollen sie deshalb von der Weltgesellschaft als Deklassierte ausgeschlossen bleiben? Menschenwürde ist darum – rebus sic stantibus – nicht möglich ohne den Hinabstieg der Großen und Mächtigen zu den Letzten, den Untersten. Das aber ist Jesu Botschaft. Und so mag es wirklich kein Zufall sein, daß die Idee der Menschenrechte und der Menschenwürde in Bereich der christlichen Geschichte formuliert worden ist. 1789 waren es die Curés, die Landpfarrer, die zum Dritten Stand überliefen und ganz selbstverständlich an der Erklärung der Menschenrechte sich beteiligten.[103]

---

[103] Der aus marxistischer Sicht schreibende Albert Soboul, Die große Französische Revolution. Ein Abriß ihrer Geschichte (1789-1799), Frankfurt/M. [4]1983, S. 103: "Die 291 Mitglieder starke Abordnung des Klerus zählte über 200 den Reformen aufgeschlossene Pfarrer und liberale Priester, von denen der Abgeordnete der Bailliage Nancy, der Abbé Grégoire, schon bald der bekannteste wurde. Auch große Prälaten kamen mit ausdrücklichem Reformwillen nach Versailles".
Vgl. auch François Furet / Denis Richet, Die Französische Revolution, München 1981, S. 163; 168-169.

4. Das "geistliche Opfer"

Ich komme zum Schluß. Haben wir jetzt das Christentum aufgelöst in eine Sozialbotschaft, zur reinen Horizontalen erniedrigt?

Ich meine, wir seien mitten in der Theologie. Nehmen wir noch einmal unsere nordische Spruchdichtung:

Besser ist nicht gebetet als zu viel gebetet, besser nicht geopfert als zu viel geopfert.

Das ist wiederum das Normale, die religionsgeschichtliche Konstante. Auch der Verkehr mit den Göttern steht unter dem Aspekt: Eine Gabe schielt immer nach Vergeltung. Wenn Götter geben, müssen die Menschen zurückgeben. Was die Menschen gen Himmel reichen, müssen die Götter entgelten, wiederum in klaren berechenbaren Relationen. Ganz anders die biblische Tradition: Gott bedarf unserer Gaben nicht: "Wer hat ihm etwas gegeben, so daß Gott ihm etwas zurückgeben müßte?" (Röm 11,35; Jes 40,14). Am wenigsten kann der Mensch Gott zwingen: "Wenn ihr alles getan habt, was euch befohlen wurde, sollt ihr sagen: Wir sind unnütze Sklaven; wir haben nur unsere Schuldigkeit getan" (Lk 17,10). Gott ist frei; er steht außerhalb des Systems des totalen Ausgleichs. Er gibt großzügig auch denjenigen den vollen Lohn, die nur eine Stunde gearbeitet haben. Ja mehr noch, er verzeiht dem heimkehrenden Sohn bedingungslos, noch bevor dieser auch nur die geringste Andeutung von Wiedergutmachung bezeugen konnte. Gott geht den Verlorenen nach, nicht der Verlorene muß Gott suchen. Gott ist frei und von überwältigender Güte. Es gibt bei Gott keinen Tun- und Ergehen-Zusammenhang. Man kann sich bei Gott nichts erzwingen, nicht durch noch so viele Gaben, nicht durch noch so viel selbstkasteiende Askese. Er bedarf unserer Gaben nicht. Und dennoch sollen wir geben, aber in eine andere Richtung: nicht an Gott, sondern an den Nächsten. Das Gleichnis von den beiden Schuldnern zeigt es: Nicht an Gott sollen wir zurückzahlen, wohl aber die empfangene Güte an die Mitmenschen weitergeben.

Wie Gott uns, so wir den anderen. Gott vergibt uns, wie wir unseren Schuldigern vergeben. Jesus steht hier ersichtlich in der prophetischen Tradition, derzufolge alle Frömmigkeit zwei Dimensionen hat: einmal die Hörbereitschaft gegen Gott und dann den Brudersinn zum Nächsten. In prägnanter Kürze der Prophet Hosea:

"Liebe will ich, nicht Schlachtopfer, Gotteserkenntnis statt Brandopfer" (Hos 6,6).

Jesus hat sich in diese prophetische Tradition gestellt. Es ist das geistliche Opfer, die thysia logike, von der Paulus im 1. Vers des 12. Römerbriefkapitels spricht:

"Angesichts des Erbarmens Gottes ermahne ich euch, meine Brüder, euch selbst als lebendiges und heiliges Opfer darzubringen, das Gott gefällt; das ist für euch der wahre und angemessene Gottesdienst."

Geistliches Opfer, das bedeutet, nicht nur irgendeinen Vorteil, ein Anrecht aufzugeben, sondern sich selbst einzusetzen, im Gehorsam gegen das Wort Gottes wie auch in der Durchsetzung von Gerechtigkeit unter den Menschen. Der christliche Gottesdienst ist darum theologisch wie sozial zugleich. Diese Hingabe feiern wir an und mit Jesus. Diese Hingabe soll unser Lebensvollzug werden.